特別支援教育のエッセンス

知的障害教育

の基本と実践

宍戸和成・古川勝也・徳永 豊【監修】
佐藤克敏・武富博文・徳永 豊【編】

慶應義塾大学出版会

「特別支援教育のエッセンス」の刊行にあたって

　令和の日本型学校教育のキーワードは、中央教育審議会答申（令和3年）に謳われているとおり「個別最適な学び」と「協働的な学び」の実現です。個別の指導計画を踏まえた授業づくりの実践を長年積み重ねて来た特別支援教育は、学校教育において、その果たすべき役割がますます大きくなりつつあります。そのため、特別支援教育を担う「教師の専門性」の向上や大学等における教員の養成などの充実は、教育の喫緊の課題になっています。

　このような中で、「特別支援教育のエッセンス」として、視覚障害教育、聴覚障害教育、知的障害教育、肢体不自由教育、自閉スペクトラム症教育における教育的営みの「基本と実践」をまとめたシリーズを刊行することになりました。「特別支援教育」全般に関する概論的書籍を目にすることは多いのですが、障害種ごとの各分野において、基本的な知識を得られるとともに実践的な学びをもたらす書籍が求められている状況です。

　慶應義塾大学出版会から刊行されている『視覚障害教育に携わる方のために』と『肢体不自由教育の基本とその展開』は、その構成と内容が評価され、版を重ねてきました。しかしながら、それぞれ初版から15年以上が経過しており、この間にカリキュラムマネジメントや教育課程の見直し、授業づくりなど特別支援教育を取り巻く状況は大きく変化しています。

　そこで、本シリーズ「特別支援教育のエッセンス」を企画しました。そのポイントは、以下のとおりです。
① 　障害種ごとに1冊ずつ完結させることで、内容や範囲を把握しやすく、学びやすくすること。
② 　学校現場の悩みや戸惑いに対応し、学校現場の困りごとに対する解決の方向性を示すものとすること。

③　学生（教員免許状取得希望者、特別支援学校教諭免許状取得希望者）と、さらには特別支援学校教師、特に新任者を主に対象とした内容とし、研修や講義で使用しやすい章構成とすること。

④　これまでの教育実践を踏まえて、オーソドックスな内容とし、教育の「基本」に徹すること。

⑤　ICT 活用や合理的配慮、キャリア支援など、今日的な課題に対応した内容とすること。

⑥　特別支援教育を担当する教師だけでなく、家族や支援を行う専門職へも有益な内容を盛り込んでいること。

　また、このような教科書に準じた書籍として、特別支援教育の各障害について、その内容をとりそろえたシリーズとすることにしました。構成や内容の確かさを高めるために、各巻の編者及び執筆者は、実践につながる内容を重視しつつ、適切な情報を提供するため、一部、独立行政法人国立特別支援教育総合研究所の関係者の協力を得ることにしました。

　この「特別支援教育のエッセンス」が、特別支援教育を担う「教師の専門性」の向上と大学等における教員の養成などの充実につながることを期待します。特別支援教育に携わる教師が、各障害分野の基本を身に付け、日々の授業に安心感と充実感をもって取り組み、その結果として、子どものよりよい学びにつながることを願います。そして、それぞれの学校において、実践に悩みや戸惑いを覚える教師の背中をそっと支えるエッセンスになればと考えます。

　最後になりましたが、このエッセンスの出版に際して援助いただきました慶應義塾大学出版会、また企画から編集まで幅広く支援していただいた慶應義塾大学出版会の故西岡利延子氏、そして関係する出版会スタッフの方々に心から感謝申し上げます。

2022 年 11 月

宍戸和成・古川勝也・徳永　豊

はじめに

　本書は、「特別支援教育のエッセンス」シリーズの『知的障害教育の基本と実践』です。知的障害教育の基本的な事柄はもちろんのこと、現在の学習指導要領等（特別支援学校小学部・中学部は2017［平成29］年改訂）を踏まえながら本書を編集しています。初学者となる特別支援学校教諭免許状を取得する学生を念頭において作成されていますが、現職の教員にもぜひ手に取っていただければと願っております。

　現在の学習指導要領は、「知識及び技能」の習得、「思考力、判断力、表現力等」の育成、「学び向かう力，人間性等」の涵養を、資質・能力の3つの柱として、資質・能力をバランスよく育成すること、組織的・計画的に教育活動の質の向上を図るためにカリキュラム・マネジメントを行い、教育課程の改善に務めることなどが強調されています。このことは当然のことながら知的障害教育においても求められるものです。また、学びの連続性を確保する視点から、特別支援学校（知的障害）の各教科等の目標や内容について見直しが図られています。

　その一方で知的障害のある児童生徒の教育は、豊かで幸せな生活や自立した社会生活をおくることができるように児童生徒の力を高めることが重要である、ということを忘れないで欲しいと思います。知的障害教育として個々に応じた各教科等で求められている力が身についているのかを確認することは大切です。しかしながらそれ以上に、身につけた力が、生活の場で活用できるような、実生活につながる学びであることが重要であることを忘れてはいけません。

　加えて、本書の知的障害の定義でも説明されていますが、障害ということについて、個人の側面だけで捉えようとせず、社会・環境的な側面を含めて

考えることも忘れないで欲しいと思います。障害者基本法は、障害者を「身体障害、知的障害、精神障害（発達障害を含む。）その他の心身の機能の障害（以下「障害」と総称する。）がある者であって、障害及び社会的障壁により継続的に日常生活又は社会生活に相当な制限を受ける状態にあるものをいう。」と定義付けています。知的障害だけではありませんが、障害を社会・環境的な側面を含めて捉えることで、初めて私たち自身の在り方について考える契機になります。そしてそのことは、私たちの見方や考え方、関わり方が変われば、障害のある人が置かれている状況や生活、状態も変わるということを示しているのです。

　本書のコンセプトは、現代的な課題に対応しながらも、これまでの知的障害教育の基本に徹していることです。読者によって読み方は変わるだろうと思いますが、多くの皆さんに手に取っていただき、これからの知的障害教育がさらに発展するために必要なことは何かを考えながら、本書をお読みいただければ幸いです。

2022 年 11 月

佐藤克敏・武富博文・徳永　豊

第 1 章

知的障害教育の現状とその歴史

　はじめに知的障害教育の対象と学びの場、インクルーシブ教育時代の知的障害教育の課題を確認します。次に、知的障害教育の基本的な考え方と教育課程の特徴、特に独自の教科と指導の形態について学びます。最後に知的障害教育方法史を概観し、生活教育の理念と方法の発展的継承によるインクルーシブ教育の実現について考えます。

① 知的障害教育の現状と課題

（1）特別支援教育における連続性のある多様な学びの場

　今日の特別支援教育では、障害のある子どもと障害のない子どもが同じ場で共に学ぶことを追求するとともに、障害のある子どもにその時点で教育的ニーズに最も的確に応える指導を提供できる多様で柔軟な仕組みを整備することが目指されています。小・中学校等における通常の学級、通級指導教室（2018［平成 30］年度より高等学校段階の通級による指導が開始されています）、特別支援学級、特別支援学校、院内学級、家庭などへの訪問教育等が連続性のある多様な学びの場ととらえられています。

　特別支援教育の制度が開始された 2007（平成 19）年度からは小・中学校において障害のある児童生徒に対し、食事、排せつ、教室の移動補助等学校における日常生活動作の介助を行ったり、発達障害の児童生徒に対し学習活動上のサポートを行ったりする特別支援教育支援員の活用を進めるための国による地方財政措置が始められました。さらに、国連「障害者の権利に関する条約」（以下、障害者権利条約）をうけて、2013（平成 25）年 9 月からは、

学校教育法施行令の一部が改正され、障害のある児童生徒も障害のない児童生徒と同様に、居住する学区の小・中学校等に就学することが原則となりました。なお、学校教育法施行令第22条3に規定される障害の状態に該当する者、すなわち、特別支援学校が学びの場として適しているとされる者は、本人・保護者が特別支援学校への就学を望み、就学支援委員会において認められれば、認定特別支援学校就学者として、特別支援学校に就学できるようになっています。

(2) 知的障害教育の「特別な学びの場」とその対象

　知的障害のある児童生徒は、一般に、同年齢の子どもと比べて、認知や言語などに関わる知的機能の発達に全般的な遅れが認められ、他人との意思の交換、日常生活や社会生活、安全、仕事、余暇利用等についての適応能力も不十分であり、特別な支援や配慮が必要な状態にあるとされています。また、その状態は、環境的・社会的条件で変わり得る可能性があるといわれています。このような状態像を示す知的障害のある児童生徒には、小集団による発達段階に応じた特別な教育課程・指導法が効果的です。したがって、知的障害児童生徒のための特別な学びの場は、知的障害者であるものを教育する特別支援学校（以下、特別支援学校［知的障害］）と、小学校及び中学校に設置されている知的障害特別支援学級が望ましいと考えられています。なお、通級による指導は、全般的な発達の遅れがある児童生徒の学習上のニーズにはそぐわないことから知的障害のある児童生徒は対象外とされてきました。

1）特別支援学校（知的障害）の対象となる障害の程度と状態像

　特別支援学校（知的障害）を学びの場として選択できる対象児童生徒の障害の程度は、次のように示されています。

「一　知的発達の遅滞があり、他人との意思疎通が困難で日常生活を営むのに頻繁に援助を必要とする程度のもの

　二　知的発達の遅滞の程度が前号に掲げる程度に達しないもののうち、社会生活への適応が著しく困難なもの」（学校教育法施行令第22条の3）

　このような障害の状態像の子どもたちは、生活に即した実際的な指導場面

でのきめ細やかな指導が必要となるため、特別支援学校（知的障害）が、主要な学びの場の選択肢となります。

特別支援学校（知的障害）では、「知的障害者である児童生徒を教育する特別支援学校の各教科」（以下、知的障害教育各教科）の内容を中心にした教育課程が編成され、一人ひとりの言語面、運動面、知識面などの発達の状態や社会性などを十分把握したうえで、生活に役立つ内容を実際の体験を重視しながら、個に応じた指導や少人数の集団での指導が進められています。

小学部では基本的な生活習慣や日常生活に必要な言葉の指導等、中学部ではそれらを一層発展させるとともに、集団生活や円滑な対人関係、職業生活についての基礎的な事柄の指導などが行われています。高等部においては、家庭生活、職業生活、社会生活に必要な知識、技能、態度等の指導を中心とし、特に職業教育の充実が図られています。

2）知的障害特別支援学級の対象となる障害の程度と状態像

知的障害特別支援学級の対象となる知的障害者の障害の程度は、文部科学省初等中等教育局長の通知によって以下のように示されています。

「知的発達の遅滞があり、他人との意思疎通に軽度の困難があり日常生活を営むのに一部援助が必要で、社会生活への適応が困難である程度のもの」（平成25年10月4日付。25文科初第756号初等中等教育局長通知）

文部科学省初等中等教育局特別支援教育課（2022）「障害のある子供の教育支援の手引」[1]によると、知的障害特別支援学級の対象は、その年齢段階に標準的に要求される機能に比較して他人との日常生活に使われる言葉を活用しての会話はほぼ可能であるが抽象的な概念を使った会話等になると、その理解が困難な程度の者となります。「例えば、日常会話の中で、晴れや雨などの天気の状態について分かるようになっても『明日の天気』などのように時間の概念が入ると理解できなかったりすることや、比較的短い文章であっても、全体的な内容を理解し短くまとめて話すことなどが困難であったりすることである。また、同時に、家庭生活や学校生活におけるその年齢段階に標準的に求められる食事、衣服の着脱、排せつ、簡単な片付け、身の回りの道具の活用などにほとんど支障がない程度である」と説明されています。

小学校の知的障害特別支援学級では1〜6年生の対象児童、中学校の特別支援学級では1〜3年生の対象生徒が、ひとつの学級で、異学年・異生活年齢の学習集団を作ることになります。学年・年齢の異なる児童生徒を一人の教員が指導する特別支援学級は、身辺処理の自立がほぼできている児童生徒に対して適切な教育を提供するための特別な学びの場の選択肢です。

　特別支援学級では、原則として、小・中学校の学習指導要領に従い、必要な場合には特別支援学校学習指導要領を参考にしながら特別の教育課程を編成します。児童生徒に必要な特別の教育課程の編成にあたっては、次の手順を踏むことになります[2) 3)]。

　①必要な自立活動の指導内容を取り入れます。②各教科の習得状況や既習事項によって当該学年及び下学年の内容を適用します。③上記の②が難しい場合には、特別支援学校学習指導要領を参考に知的障害各教科の適用を検討します。④卒業までに育成を目指す資質・能力を検討し、在学期間に提供すべき教育内容を十分見極めて、各教科の目標及び内容の系統性を踏まえ、教育課程を編成します。⑤その際、必要に応じて教科等を合わせた指導形態を取り入れます。

（3）インクルーシブ教育時代の知的障害教育の課題

1）通常の学校における知的障害教育の模索

　文部科学省の調査[4)]によると、2019（令和元）年度小学校・特別支援学校就学予定者（新第1学年）として2018（平成30）年度に市区町村教育支援委員会等の調査・審議の対象となった者の指定された就学先等の状況をみると、学校教育法施行令第22条の3に該当した児童10,887人のうち、公立小学校への就学を選択したものは、2,835人（26.0%）でした。公立小学校における学校教育法施行令第22条の3の該当する知的障害のある児童生徒（特別支援学校（知的障害）を学びの場として選択できる児童生徒）の在籍者数をみると、2019年5月1日現在で、小学校の知的障害特別支援学級に12,756人（該当知的障害児童の74.2%）、通常の学級に547人（同3.2%）が在籍していました。

　このように、障害者権利条約によるインクルーシブ教育の推進を背景に小・中学校における知的障害教育のニーズは高まっています。その一方で特

別支援学級担任の専門性の確保と知的障害児童生徒の学習特性とニーズに対応した教育の実施が喫緊の課題です。

　特に通常の学級における知的障害児童生徒の指導にあたっては、個別に特別な指導内容等を設定することは難しいことから、知的理解の程度に応じた学習課題の最適化が必要になります。知的障害のある児童生徒の学習課題と他のクラスメートの学習課題との関係において、知的障害のある児童生徒が、当該授業に実質的に参加可能であるのかを検討する必要があります。課題と授業実施方法の観点からは、以下の5つが考えられます。

①同一課題・同一教材での学習。

②同一課題・同一教材スモールステップでの学習（課題の細分化とワークシートの工夫などで授業を実施）。

③同一課題・別教材での学習（例えば国語で、修得すべき語彙は小学校3年生で学ぶ同じ語彙でも、児童生徒の理解や習熟の程度に応じて、教材としての「読み物」の内容・文章の難易度を変えたり、語彙を文で説明する、あるいはその語の正しい意味を選択肢から選ぶ、その語と類似した語を結ぶ、などのように課題への反応の方法を変えたりして授業を実施。これは Differentiated Instruction と呼ばれています）。

④同一テーマ・別課題での学習（例えばどの子も関心を持って取り組める活動題材「カレーを作ろう」を設定し、A児はある・ないがわかることやジャガイモの皮がむけているところとむけていないところの弁別ができることを算数の課題として指導し、B児は5までの数を選び取ることを課題として指導し、C児は人数と材料の分量を踏まえた計算や計量を課題として指導するように実際的な活動を中心に据えて授業を実施）。

⑤別テーマ・別課題での学習（個別の課題に応じた個別指導で授業を展開）。

　上記の②と③は、生活年齢による標準的な学年で学習すべき課題の水準を変えない教育方法の変更です（Accommodation と呼ばれています）。④と⑤は、学習課題の水準と教育方法の両方の変更です（Modification と呼ばれています）。生活年齢で期待される学習到達水準に比して学習に遅滞がみられる知的障害のある児童生徒に対しては、④の活動題材でいろいろな学習段階の児童生徒

を包摂するような授業展開が可能かどうかを中心に検討します。

　また、特別支援学級は、異年齢・異学年の様々な発達段階の児童生徒の集団に対して授業を実施することになりますので、同様に④の考え方で、教科別の指導や各教科等を合わせた指導（詳細は本章の2節（2）を参照）を充実させることが大切になります。多様な学びの場の連続性を確保するために、特別な学びの場を活用しながら、通常の学校における効果的な知的障害教育のあり方を、特に、知的障害のある児童生徒一人ひとりに個別に必要な合理的配慮と基礎的環境整備の視点から検討していくことが必要です。

2）交流及び共同学習の重要性

　特別な学びの場に固定されがちな知的障害児童生徒と障害のない児童生徒が、共に学ぶ機会を保障する手段として交流及び共同学習があります。交流及び共同学習とは、相互の触れ合いを通じて豊かな人間性を育むことを目的とする交流の側面と各教科や領域のねらいの達成を目的とする共同学習の側面があるもので、この2つの側面を分かちがたいものとしてとらえて推進していくものです[5]。交流及び共同学習における活動の「共同学習」の側面が明確に意識され、知的障害教育の教育課程の一貫として、知的障害のある児童生徒が当該活動から何を学び取るのか、同様に、障害のない児童生徒が、各自の学校の教育課程の一貫として、何を学び取るのかが、それぞれの教育課程・指導計画の中で確認され明示されることが必要です。

　知的障害特別支援学級では、通常の学校内に学級があるという環境を十分に活用し、知的障害のある児童生徒の集団生活への参加を促し、特別支援学級と通常の学級の児童生徒の相互理解を深めるような交流及び共同学習の機会が積極的に設けられることが望ましいです。

　その際、知的障害のある児童生徒にとって貴重な学習の機会となる諸活動の意義を見極めることが肝要です。例えば、給食の時間の交流で、通常の学級の児童生徒が、特別支援学級の児童生徒の給食の準備を代わりに全部行い、知的障害のある児童生徒が「お客さん」扱いになっている様子がみられることがあります。児童生徒が比較的高い動機づけのもとで行うことができる給食の準備・配膳には、必要な食器の種類と数を確認しお盆にセットする行為（形、大きさの弁別や、一対一対応などの学習の機会）、食材をつぎ分けて配る

行為（数量、協応動作、協調運動等の学習の機会）等の様々な学習の機会が含まれているにもかかわらず、結果的に、知的障害のある児童生徒が、これらの学習の機会を逃してしまっていることになります。教師が、指導の見通しや配慮を欠くままに有用な学習活動を他の児童生徒に代行させてしまうことがないように留意する必要があります。共に尊重し合いながら協働して生活していく態度を育む学習活動の実現が求められています。

3) 合理的配慮の提供と知的障害教育におけるキャリア教育

　障害者権利条約の批准にともない、2016（平成28）年４月に「障害者の雇用の促進等に関する法律の一部を改正する法律」が施行されました。雇用における障害を理由とする差別的取扱いが禁止され、事業主に、障害者が職場で働くにあたっての支障を改善するための措置（合理的配慮）を講ずることが義務づけられました。これにより、例えば、知的障害のある人に合わせて、口頭だけでなくわかりやすい文書・絵図を用いて説明すること等が、合理的配慮として提供されるようになり、職場における環境調整や支援の工夫が進んでいくことが期待されます。

　したがって、知的障害のある児童生徒に必要な支援を受け止めて利用する力、必要な支援を周囲に求める力を育む教育実践が重要になります。知的障害のある人に必要な支援や環境調整を、その人の周囲の人たちが提供することができて、知的障害のある人が職場や地域の営みに実質的に参加できるようになれば、その「生活の場」でのその人の「自立」が成ったといえます。支援を受けて主体的に社会参加する力の育成が、知的障害におけるキャリア教育の重要な視点です。

② 知的障害教育の基本的な考え方と教育課程

(1) 知的障害教育各教科の特徴

　知的障害教育各教科は、小・中・高等学校の各教科とは異なり、発達期における知的機能の障害を踏まえ、児童生徒が自立し社会参加するために必要な内容を身につけることを重視し、特別支援学校学習指導要領において、独自性をもって、その目標と内容等が示されてきました。知的障害教育各教科

は、発達段階1歳前後の発達の未分化な児童生徒にも適用できるようになっており、基本的には、知的発達、身体発育、運動発達、生活行動、社会性、職業能力、情緒面での発達等の状態を考慮して、その目標や内容が、学年ではなく段階別に、小学部3段階、中学部2段階、高等部2段階で示されています（表1-1）3) 6) 7)。すなわち、各教科の各段階の内容は、生活年齢を基盤とし、知的能力や適応能力及び概念的な能力等を考慮しながら段階ごとに人とのかかわりの広がり、生活の場の広がり、関わる事柄の広がりに基づいて配列されているといえます。また、認知発達等の段階に即した内容だけでなく、その能力で生活年齢相当の社会参加ができるようになる内容が含まれていると考えることもできます。

　このように、知的障害教育各教科は、小・中学校等で設定されている教科以前の内容を含み、生活に活用するための教科以後の内容も含むものである点が特徴です。知的障害のある児童生徒は、同一学年であっても、発達や学力、学習状況に大きな個人差があることから、段階を設けて示すことにより、個々の児童生徒の実態等に即して、各教科の内容を選択して、効果的な指導を行うことができるように工夫されています。

(2) 知的障害教育独自の指導形態としての各教科等を合わせた指導

　知的障害のある児童生徒の指導にあたっては、各教科等の示す内容を基に児童生徒の知的障害の状態や経験等に応じて、各学校で「生活に結びつく具体的な内容」を設定する必要があります。このため、「教科ごとの時間を設けて指導を行う場合」（「教科別の指導」と呼ばれています）や「道徳科、外国語活動、特別活動、自立活動の時間を設けて指導を行う場合」と、各教科、道徳科、特別活動、自立活動及び小学部においては外国語活動の一部または全部を合わせて指導を行う「各教科等を合わせて指導を行う場合」の指導計画を横断的系統的な視点から十分に関連づけて、実際的な状況下で体験的に活動できるようにします。そうすることで、児童生徒一人ひとりが見通しをもって、意欲的に学習に取り組めるようにするのです。なお、中学部では総合的な学習の時間を、高等部では総合的な探究の時間を適切に設けて指導することになっています3) 6)。

表1−1　知的障害教育教科の各段階の内容と典型発達・学年段階との関係

段　階	内容の該当する主な典型発達・学年段階（算数・数学）注	教育内容の説明
小学部1段階	発達初期	主として教師の直接的な援助を受けながら、児童が体験し、事物に気づき注意を向けたり、関心や興味をもったりすることや、基本的な行動の一つ一つを着実に身に付けたりすることをねらいとする内容。
小学部2段階	幼稚園	主として教師からの言葉かけによる援助を受けながら、教師が示した動作や動きを模倣したりするなどして、目的をもった遊びや行動をとったり、児童が基本的な行動を身に付けることをねらいとする内容。
小学部3段階	小1〜2	主として児童が自ら場面や順序などの様子に気付いたり、主体的に活動に取り組んだりしながら、社会生活につながる行動を身に付けることをねらいとする内容。
中学部1段階	小2〜3	主として生徒が自ら主体的に活動に取り組み、経験したことを活用したり、順番を考えたりして、日常生活や社会生活の基礎を育てることをねらいとする内容。
中学部2段階	小3〜4	生徒の日常生活や社会生活及び将来の職業生活の基礎を育てることをねらいとする内容。 主として生徒が自ら主体的に活動に取り組み、目的に応じて選択したり、処理したりするなど工夫し、将来の職業生活を見据えた力を身に付けられるようにしていく。
高等部1段階	小4	中学部2段階の内容やそれまでの経験を踏まえ、生活年齢に応じながら、主として卒業後の家庭生活、社会生活及び職業生活などの関連を考慮した、基礎的な内容。 主として生徒自らが主体的に学び、卒業後の生活を見据えた基本的な生活習慣や社会性、職業能力等を身に付けられるようにしていくことがねらい。
高等部2段階	小5	高等部1段階を踏まえ、比較的障害の程度が軽度である生徒を対象として、卒業後の家庭生活、社会生活及び職業生活などの関連を考慮した、実用的かつ発展的な内容。 主として生徒自らが主体的に学び、卒業後の実際の生活に必要な生活習慣、社会性及び職業能力等を習得することをねらいとする。

注：表中の「内容の該当する主な典型発達・学年段階」は、出典資料や小・中学校の算数・数学の内容などから筆者が整理したものである。各教科によって発達初期〜〇年生段階の範囲は異なる。なお、典型発達（定型発達ともいう）とは、知的・発達障害のない多数の人の標準的な発達を指す。
出典：文献3)、6)、7) などを元に筆者作成。

9

知的障害のある児童生徒は発達段階の差が大きく、障害の状態も一人ひとり異なりますので、一般的な学習上の特性を踏まえ、個人差に応じた集団的指導を進めるために、各教科等の「全部又は一部について、合わせて授業を行うことができる」（学校教育法施行規則第130条第2）とされています。この規定を根拠に、従前から「各教科等を合わせた指導」と呼ばれる次の4つの指導の形態が実践されてきました[3) 6)]。

①児童生徒の日常生活が充実し、高まるように日常生活の諸活動を適切に指導する「日常生活の指導」。

②遊びを学習活動の中心に据えて取り組み、身体活動を活発にし、仲間とのかかわりを促し、意欲的な活動を育み、心身の発達を促していく「遊びの指導」。

③児童生徒が生活上の目標を達成したり、課題を解決したりするために、一連の活動を組織的に経験することによって、自立的な生活に必要な事柄を実際的・総合的に学習する「生活単元学習」。

④作業活動を学習活動の中心にしながら、児童生徒の働く意欲を培い、将来の職業生活や社会自立に必要な事柄を総合的に学習する「作業学習」。

　知的障害のある児童生徒にわかる授業を提供するには、実際の生活に即した学習活動による各教科等の時間を設けて行う指導や、生活に即した活動題材での単元設定が行いやすい各教科等を合わせた指導が適切に計画されることが重要です。

(3) 知的障害教育における自立活動と教師の専門性

　他の障害種の特別支援教育における自立活動が、それぞれの障害に基づく種々の困難に直接的に対応しているのに対して、知的障害教育では、知的障害そのものへの対応は各教科で行われるものとされています。このため知的障害教育における自立活動は、知的障害に随伴してみられる言語、運動、情緒・行動などの顕著な発達の遅れや特に配慮を必要とする様々な状態について特別な指導を行うものであるとされています[3) 6)]。

　知的障害教育教科の指導内容が、発達段階1歳前後以上のものを示してい

るわけですので、それ以前の段階の指導が必要な児童生徒については、各教科等を合わせた指導よりも自立活動を中心とした指導で、児童生徒の実態に即した指導が計画されることが望ましいといえます。また、それ以外の児童生徒の中にも、知的障害に併せ有する障害への対応が、生活に即した学習活動を受けとめるために必要な場合があります。個々の児童生徒の障害の状態等に応じて、①自立活動の時間の指導、②各教科等における「自立活動」の指導、③教科等を合わせた指導における自立活動の指導の3つの指導を吟味した指導計画が必要です。

　山本[8]は、子どもの状態に応じた教育課程の編成が行える力と自立活動の指導力が、特別支援教育担当教員の専門性に含められるべきものとしています。一方、太田[9]は、知的障害の特徴に沿い、継続・発展してきた各教科等を合わせた指導の形態、すなわち生活単元学習、作業学習、日常生活の指導、遊びの指導の意義と実践方法を知り、計画し、実施し、発展できる力が、知的障害教育の教員に求められるもののひとつであるとしています。独自性のある知的障害教育教科による各教科等を合わせた授業の実践力こそが、知的障害教育の専門性であると考えられてきました。

　特別支援教育にのみ設定されている自立活動は、特別支援教育の専門性を象徴するものであり、自立活動と他の教科等との関係の整理は、個別の指導計画の作成において考慮されるべき重要なポイントです。さらに、知的障害教育においては、指導内容と指導方法の両面で、特別支援教育の専門性を象徴する自立活動と、特別支援教育に内包されるひとつの教育領域としての知的障害教育の独自性と専門性を象徴する知的障害教育教科との関係を整理することが、より根本的な課題となっています。

③ 知的障害教育の方法史的展開

（1）知的障害教育の源流としてのセガンの生理学的教育法と施設教育

　フランスの医師・教育者のセガン（Edouard Seguin 1812-1880）は、知的障害児教育、とくにその方法の開拓者として知られています。経験主義・感覚主義の立場をとっていたセガンは、1837年からの数年間にパリの精神障害

者施設で知的障害児の指導を試み、その成果を発表します。セガンの主張した「知的障害児教育の成功」が、アメリカ合衆国をはじめとする欧米諸国における知的障害児教育への関心を覚醒させ、寄宿制学校の性格を有する知的障害児入所施設の成立をもたらしました。

セガンは、知的障害教育のことを、「疎外されている子どもたちを何とかしてうまく扱って、その子どもの限られた能力の範囲でいろいろな程度に社会に参加できるようにしようとする試みであり、形態は変化するが、目的は不変である」と説明しています。そして自ら実践した方法を「生理学的教育法」と呼びました。生理学的教育法は、①身体訓練、すなわち筋肉及び身体の教育、②知的訓練、すなわち諸感覚の教育、③モラルトレーニング、すなわち知的障害のある人の社会化・モラルトリートメントの3つの要素から構成されていました。

モラルトリートメントは、19世紀前半に欧米の精神病院の治療原理とされた社会的治療の考え方で、整えられた施設の適切な環境下で、①身体的活動（農作業や工房での作業等）、②精神的活動（読書や演劇、音楽鑑賞、教科学習等）、③娯楽（散歩や乗馬、遠足、ゲーム等）、④礼拝で構成された規則正しく穏やかな生活を患者に提供する治療法・処遇方法です。セガンの生理学的教育法も、同様にこの施設内での生活を基盤とした教育方法でした。

このセガンの生理学的教育法は、米国では、第二次世界大戦後の1960～70年代に、知的障害のある個人の諸能力を発達させ、高める感覚教育の方法として再び注目されました[10]。

日本における知的障害のある子どもへの組織的な教育は、1891（明治24）年に石井亮一（1867-1937）によって設立される滝乃川学園による教育が最初であるといわれています。石井亮一は、1896（明治29）年に渡米し、セガンの生理学的教育法をはじめとする米国の施設教育の方法を学んで帰国します。滝乃川学園は、知的障害のある子どものための寄宿舎付きの私立学校のような形であったといえます。1914（大正3）年に行われた感化救済事業講習会における石井の講演録から、その教育方法についてみてみます。

石井は、知的障害のある子どもの知能の発達について、重度の知的障害児は2歳くらいの知力程度、軽度の知的障害児であっても12歳程度を超えな

いと述べています。そしてこのような子どもに対して、次の５つの段階での
教育方法を説明しています[11]。なお、（　）内は筆者の解釈です。

①身体の活動を盛んにして（生理学的教育法の身体訓練に相当）、

②身体活動を統一整理して精神の活動と調和一致せしめ（同上）、

③そのうえに五官を訓練して外来の刺激に感応させしむ（知的訓練に相当）、

④それに兼ね備えて、異常なる活動を矯正し（モラルトレーニングに相当）、

⑤可能であれば、適当な技芸を授け、幾分にも独立生活を為し得る準備と
する（同上）。

現代の知的障害教育で用いられている言葉と関連させて考えれば、①〜③
は、粗大運動から運動・感覚、感覚・知覚へと学習段階を高めていく感覚統
合法のアプローチであり、④は問題行動への対応・指導、⑤は職業教育であ
るという見方もできるでしょう。なお、石井は、①の段階から教育を始める
必要がある重度の子どももいれば、④の教育から開始するような子どももい
ると述べています。

滝乃川学園のように第二次世界大戦前に開設された知的障害教育の私立学
園は、戦後まで引き継がれ、児童福祉法における知的障害児施設に位置づき
ます。それと同時に、戦後の特殊学級（現在の特別支援学級）・養護学校（現
在の特別支援学校）における知的障害教育の開始時の教員研修における貴重
な参観先ともなっていました。例えば、1950（昭和25）年度教育指導者講習
会特殊教育部会では、滝乃川学園、青鳥中学校、旭出学園が知的障害教育の
参観先として挙げられています[12]。

(2) 第二次大戦前の特別学級における生活指導中心の実際的・総合的指導

1907（明治40）年、文部省は、師範学校附属小学校への特別学級設置を奨
励しました（訓令第六号）。当時、特別学級の対象とされた「低能児」は、一
時的ではない「能力薄弱」があり、通常の教育内容・方法では教育困難な者
とされていました。1908年に設置された東京高等師範学校附属小学校「特
別学級」初代担任の小林佐源治（1880-1964）は、①各人の能力を出発点とし、
②それぞれの将来の見通しを立て、③できるだけ自活しうるようにすること

を「低能児」教育の基本方針とし、知育よりも「身体の養護鍛錬」や「徳性の涵養と良習慣の養成」を重視しました。小林は、①事物を用いて感覚に訴えること（直観化）、②少なく授けてよく練習すること、③個人差に応じて個別に指導すること、④発動的に学ばせること、⑤実際的知識を重んじる教材の生活化の5点に留意して指導しました[13]。

　昭和に入ってからは東京市が1935（昭和10）年に各地の「補助学級」の教育実践をまとめた『補助学級に関する調査資料』を出しています。ここでは、教材の進度斟酌の基準が、①尋常科第1学年以前の教材を十分に補足すること、②6カ年間に履修すべき教科課程の標準は大体第3・4学年程度でまとまるように整理すること、③児童の能力の実情により教材の進度は適当に斟酌されるべきこととされました。さらに教科目取扱いの留意事項は、①小学校令に規定された教科目は一通りは扱うが児童の実情に応じて取捨選択すること、②知的教科よりも技能的教科を重んじて将来の職業生活に備えること、③児童の生活指導を中心として総合的な取り扱いをすること、④体操と唱歌とを連絡して遊戯として指導すること、⑤知的教科は個々の児童の実情に即した学習の手引きを作成して指導すること、とされました[13] [14]。

　このように戦前の知的障害教育では、1年生以前の生活と学習の基礎的内容を指導する必要があり、かつ6年間で4年生程度までの教科内容の修得をめざすべきと考えられる児童に、職業・社会生活を見据えた指導を模索した結果、その学習活動が、生活指導を中心とした実際的・総合的な内容で構成されることになったのです。

（3）第二次大戦後の日本における知的障害教育の内容と方法

1）新制中学校における知的障害教育の試行と生活教育

　戦後の知的障害教育実践研究は、1947（昭和22）年に、文部省教育研修所内に東京都品川区立大崎中学校の分教場を実験学級として設置することから始められます。この実験学級の設置は、全員が無選抜で入学する新制中学校の生徒のための「特殊学級」の創設であり、新制度に伴う教育上の問題解決のための実践研究の開始でもありました。知的障害のある生徒の卒業後の社会的自立を実現する新制義務教育のあり方が課題となったのです。

　この実践研究の結果から、知的障害教育は、いわゆる教科書を使わない教育であるべきであるとされました。教育の根本目標は、生きる力の付与であり、そのために、「知能の働きに障害のある子どもたちに適した教育設計を考える」ことが求められました。そして、その教育法が「彼らを取り巻く『自然』や『社会』を『教科書』に盛られた間接的経験の代わりに、じかに経験させていく」生活教育でした。生活教育とは、「体を使って物（自然）と人（社会）とに直接あたって生活の力を得させようという方法」とされています[15]。

　生活教育のための教育的診断と指導成果の評価指標のひとつに社会生活能力検査が用いられました。この検査は、「かち得た力によって習慣となった動作の有用性を測定する」ものであり、「生活行動をそのまま把握し、知識的にではなく行動的な面において検査する」ものです[16]。教科書による間接経験ではない、現実度の高い直接経験による学習成果は、生活行動によって示される行動的理解で評価されました。

　このような背景のもと、戦後の知的障害教育の開拓者たちは、「バザー単元」や「学校工場方式」などの実践にみられるように、学校における学習活動をより現実度の高い活動で組織し、学校生活の実生活化を図りました。学習活動は生活上の課題を成就するための活動であり、その過程で結果として「領域」や「教科」の内容が習得されるという理解が、知的障害教育では支持されてきました。

2) 生活教育に対する批判と発達的・教科的系統性重視の視点

　直観性に基礎をおいた生活教育は抽象的思考の芽生えや発達の可能性、文化伝承の役割等を授業から排除してしまっているとの批判もありました。カーク（Samuel A. Kirk 1904-1996）の知的教科の系統性重視の主張やヴィゴッキー（Lev Vygotsky 1896-1934）の発達の最近接領域の提唱の影響を受けて[17]、知的障害のある児童生徒が、小学校の各教科の学習に至るまでの基礎的学習を教科学習の系統のなかに位置づけ、教科学習との連続性を重視する知能を伸ばす教育実践の試みも行われてきました。例えば、1960年代後半の数学者遠山啓（1909-1979）との共同研究による都立八王子養護学校の教育実践が挙げられます。遠山は、各教科の内容を知的障害のある児童生徒の発

達のレベルにまで下げて、そこを起点として通常の各教科の内容レベルにまで引き上げていく指導を考えました。この「教科」の内容以前の段階を「原教科」と位置づけ、「教科」の系統的指導を論じました[18)]。

3）学習指導要領の変遷に見る知的障害教育の論点
①生活教育の内容提示方法としての領域論と教科論

知的障害教育に独自の各教科は、もともと、この教育最初の学習指導要領である「養護学校小学部・中学部学習指導要領精神薄弱教育編昭和37年度版」（以下、37年度版指導要領）の各教科において示されました[14)]。

上述のように戦前・戦後の知的障害教育は、各教科に分けられないあるいは各教科を合わせた指導や生活教育を指向してきたため、その教育内容の組織化は、当初は、教科による分類ではなく、生活経験を中心とする総合的な指導展開を領域に分類する方向で考えられました。1959（昭和34）年の文部省「精神薄弱指導者養成講座」では、「生活」「生産」「健康」「情操」「言語」「数量」の6領域に整理された内容が、小学校低・高学年、中学校の3段階に分けて示されました[14)]。しかし、実際に出された「37年度版指導要領」では、小学校、中学校と同様「各教科、道徳、特別教育活動、学校行事等」で教育内容を編成する形で教科別の内容分類が中心となりました。ただし、それまでの実践の蓄積を踏まえて、名称は小学校、中学校と同じでも、内容は生活を中心とした視点に立った知的障害教育独自の知的障害教育教科とされました。また、知的障害のある児童生徒の学習特性や発達段階を考えると各教科に分けて指導することは適切ではないという考えが根強かったため、学校教育法施行規則において、各教科の全部または一部について、これを合わせて授業を行うことができるということも規定されました。

この当時の「領域か教科か」の議論は、生活教育の内容提示方法に関する領域派と教科派との論争と評されています[19)]。

②教育方法の独自性と知的障害教育教科「生活」

「養護学校小学部・中学部学習指導要領精神薄弱教育編昭和45年度版」（以下、45年度版指導要領）からは、知的障害独自の教科として小学部に生活科が新設されます。生活科では、37年度版指導要領の社会・理科・家庭の項目を中心に、その他の教科の生活に即した内容も含めて身辺・家庭・学

校・社会生活を網羅するように「基本的生活習慣」「健康・安全」「遊び」「交際」「役割」などの内容項目が設定されました。この生活科の設定によって、国語、算数の生活場面における活動を示した項目と、音楽、図工、体育の事前・事後的活動や関連活動の内容が、生活科に移されるか削除され、それぞれの教科の内容は、知識・技能の習得に関わる記述に純化されました[20]。

　生活科は、それまでの教育実践の反省を踏まえ、教育内容が教科別に示された知的障害教育が旧来の系統主義的・主知主義的な教科に分ける教育に陥ることを防ぎ、領域・教科に分けて示された「分けられない指導内容」を合わせて指導する生活教育とするための核となる教科として設定されたのです。そして、この生活科の性格・特徴は、現在の特別支援学校の学習指導要領にも継承されています。

③知的障害教育と通常の教育における学習評価のフレームワーク

　知的障害教育は未分化な指導内容を教科・領域別に整理することよりも、未分化なままどのように指導するのかという指導方法を重視してきました。しかし、実際には各教科の内容は、37年度版指導要領で典型発達3〜4歳程度の内容以上に設定されたものが、45年度版指導要領では2歳程度以上に、現行では8か月程度以上にまで発達段階を下げています。つまり、未分化な内容を各教科に分科して示す努力もなされてきたといえます[20]。

　2017・2018（平成29・30）年度版特別支援学校学習指導要領では、育成すべき3つの資質・能力による示し方の構造改革で、知的障害教育各教科が、小・中・高等学校の各教科の目標と内容と共通の枠組みで示されました。学習過程を重視したカリキュラム・マネジメント実現のために、学習指導要領に示す目標・内容に準拠した形での学習評価が求められています。

　児童生徒が「指導内容」を学び、ねらいに到達した場合、「内容」のうち何ができるようになっているのかを具体的に示す評価規準の設定が行われます。例えば国語の小学部2段階の知識及び技能では「身近な人との会話や読み聞かせを通して、言葉には物事の内容を表す働きがあることに気付く」とされています[3]。これをもとに学習評価規準を設定すると「身近な人との会話や読み聞かせを通して、言葉には物事の内容を表す働きがあることに気付いている」と設定できます。知的障害教育の各教科の各段階の内容は、知的

障害児童生徒の学習特性を踏まえて、児童生徒の日常生活に関連する場面や活動、行動と合わせて示されていますので、各教科の各段階の内容をもとに評価規準（到達目標）を設定すれば、おのずと、指導と支援の方法を含んだ個別の学習目標（評価のための判断基準）の設定も容易です。児童生徒が、①何（どのような行動）を、②どのような場面・条件・支援で、③どの程度遂行することができるのかを、教師が具体的に考えやすくなったといえます。

　もとより個に応じた生活に即した実際的指導を大切にしてきた知的障害教育は、個別の学習目標（評価のための判断基準）の設定による学習過程を重視した授業づくりを充実させてきました。しかし、その一方で、A先生は発達検査の項目から、B先生は保護者の願いから、到達目標を設定するなど、評価規準がまちまちであるという問題点がありました。

　各教科の各段階の目標・内容を評価規準の設定根拠とすることで、この問題点が解消されることが期待されます。このことは、知的障害教育の本質を継承しながら、通常の教育と共通の枠組みで説明責任を果たす学習評価のフレームワークを可能にすることにもつながるかもしれません。

引用・参考文献 ─────────────

1）文部科学省初等中等教育局特別支援教育課（2022）『障害のある子供の教育支援の手引──子供たち一人一人の教育的ニーズを踏まえた学びの充実に向けて』ジアース教育新社。

2）文部科学省（2018a）『小学校学習指導要領（平成29年告示）解説　総則編　平成29年7月』東洋館出版社。

3）文部科学省（2018b）『特別支援学校学習指導要領解説　各教科等編（小学部・中学部）（平成30年3月）』開隆堂出版。

4）文部科学省「令和元年度　特別支援教育に関する調査結果について」https://www.mext.go.jp/content/20200317-mxt_tokubetu01-000005538-01.pdf

5）文部科学省（2019b）「交流及び共同学習ガイド」https://www.mext.go.jp/a_menu/shotou/tokubetu/__icsFiles/afieldfile/2019/04/11/1413898_01.pdf

6）文部科学省（2019a）『特別支援学校学習指導要領解説　知的障害者教科等編（上）（高等部）平成31年2月』ジアース教育新社。

7）文部科学省「平成28年5月18日中央教育審議会教育課程部会特別支援教育部会第8回資料3-1」https://www.mext.go.jp/b_menu/shingi/chukyo/chukyo3/063/siryo/__icsFiles/afieldfile/2016/05/26/1371323_3_1.pdf

8）山本昌邦（2000）「特殊教育担当教員に求められる専門性とその向上」、『季刊特別支援

　　　教育』平成 13 年 No.3、6–10 頁。

9）太田俊己（2000）「知的障害教育担当教員に求められる専門性」、『季刊特別支援教育』
　　平成 13 年 No.3、17–20 頁。

10）米田宏樹（2003）「E. セガンはどう評価されてきたのか——アメリカ合衆国」、中村満
　　紀男・荒川智編著『障害児教育の歴史』明石書店、192–201 頁。

11）石井亮一（1914）「白痴教育（大正十三年十月第七回感化救濟事業講習會に於ける講
　　演）」、編集復刻版『知的・身体障害者問題資料集成〔戦前編〕』第 2 巻、不二出版、
　　42–52 頁。

12）昭和二十五年度教育指導者講習會編（1951）「第六回教育指導者講習研究収録」。

13）米田宏樹（2009）「日本における知的障害教育試行の帰結点としての生活教育——戦
　　後初期の教育実践を中心に」、『障害科学研究』33 巻、145–157 頁。

14）望月勝久（1979）『戦後精神薄弱教育方法史』黎明書房。

15）小宮山倭・飯田精一・藤島岳編（1957）『青鳥十年』東京都立青鳥養護学校。

16）藤島岳（1964）「社会生活能力」、『精神薄弱児研究』73、24–29 頁。

17）渡辺健治・清水貞夫（2000）『障害児教育方法の探究——課題と論点』田研出版。

18）遠山啓（1972）『歩き始めの算数——ちえ遅れの子らの授業から』国土社。

19）山口洋史（2004）『これからの障害児教育——障害児教育から「特別支援教育」へ』
　　ミネルヴァ書房。

20）米田宏樹（2022）「知的障害教育と通常教育の教育方法の融合によるインクルーシブ
　　教育カリキュラム実現の可能性」、『特別支援教育実践研究』2 号、16–25 頁。

＊上記 URL はすべて 2022 年 8 月 1 日最終閲覧。

（米田宏樹）

第2章

知的障害の定義と特性

　知的障害とはどのような障害なのでしょうか。障害という用語のとらえ方と同様に知的障害という用語のとらえ方や用い方についても時代によって変化しています。この章では、知的障害の基礎的な事柄として、生理・病理・心理の観点から、①知的障害の定義、②知的障害に関する危険因子、③知的障害の理解と特徴、④知的障害の学びへの対応を取り上げて解説します。

1　知的障害とは

(1) 知的障害の用語の変遷

　日本では知的障害者の自立と社会経済的活動への参加を促進するための法律として、「知的障害者福祉法」が制定されています。

1) 精神薄弱から知的障害へ

　「知的障害者福祉法」は1998（平成10）年に改訂されたもので、それ以前は「精神薄弱者福祉法」の名称が用いられていました。しかしながら、この用語には「精神全般が弱い又は精神全般に欠陥があるかのような印象を与える」「障害者の人格自体を否定するニュアンスをもっている」「不快語、差別語であるとの批判がある」などの問題が指摘されていました[1]。このような指摘に応えるために、用語の見直しが検討され、1995年には厚生省（現厚生労働省）において「知的発達障害または、それを簡略化して知的障害とする」という報告書がまとめられました。1998年には、「精神薄弱の用語の整理のための関係法律の一部を改正する法律」が国会に提出され、改正案が成立・交付されることとなり、現在の知的障害の用語が法律で使用されるようにな

21

りました[1]。

2) 精神遅滞について

前述したような用語の検討が行われる以前から、医学の領域や学術用語としては、精神薄弱が見直され、精神遅滞という用語を用いていました。医学領域の最新の資料は、「精神障害の診断・統計マニュアル　第5版」(DSM-5) と「疾病及び関連保健問題の国際統計分類第11版」(ICD-11) になります。現在では、精神遅滞の用語も見直され、医学の領域においても知的能力障害 (DSM-5)、知的発達障害 (DSM-5)、知的発達症 (DSM-5、ICD-11) などの用語が用いられています[2] [3]。

このように知的障害という用語は、必ずしもすべての分野で共通の用語とされているわけではありません。ただし、法律も含めた最も代表的な用語として「知的障害」が一般的に用いられているということができるでしょう。

(2) 定義及び診断基準

知的障害とは、知的機能と適応機能に障害のある状態をいいます。一般的には知的機能に障害が認められれば、適応機能にも困難がみられます。しかしながら、もし知的な機能に障害が認められても、適応状態がよく生活上の困難があまりみられないとすれば、知的障害と考える必要はありません。両方の機能に障害があり、生活上の困難がある場合に、知的障害と診断・判断されることになります。DSM-5ではIQ値が誤差も含めて判断されることや、知能検査だけでは把握できない「実生活上の困難さ」を含めた総合的判断が重要であることが指摘されています[2]。つまり、知的障害という語が使用されているものの、知的な機能のみを判断の基準とするのではなく、実生活に困難さがあるということが知的障害として判断する際に重要な要因となる、ということを忘れてはいけません。

1) アメリカ知的・発達障害協会の定義

表2-1にDSM-5及びアメリカ知的・発達障害協会（以下、AAIDD）の定義を示しました。定義では、基本的に知的機能と適応機能に欠陥もしくは制限があることに加えて、発症時期が明記されています。つまり、知的障害と診断もしくは判断するためには、知的機能、適応機能、及び発症時期の3つ

表2−1　知的障害の定義・診断基準

DSM−5	知的能力障害（知的発達症）は、発達期に発症し、概念的、社会的、及び実用的な領域における知的機能と適応機能両面の欠陥を含む障害である。
AAIDD 12 版	知的障害とは、22 歳以前に発症し、知的機能と適応行動の両方に著しい制限があることを特徴とする状態である。

出典：文献 2)、3) を元に筆者作成。

の条件を満たす必要があります。

　発症時期について、DSM−5 では発症時期を発達期、AAIDD では 22 歳以前と記しています。通常これまでは 18 歳を基準とすることが一般的でしたが、AAIDD は 12 版（2021 年）の定義から発症時期を 22 歳以前に修正しました。AAIDD では、この発症年齢の変更は脳の発達が 20 代まで続くことを示した近年の研究に基づいた変更であることを指摘しています[4]。

　2）社会・環境的な側面の強調

　12 版以前から、AAIDD では知的障害のとらえ方として、現在の生活環境における姿は支援を経験した結果としての姿であり，同時にその姿は支援との相互作用によるものであるといった社会・環境的な側面を強調しています[5]。このような考え方は、世界保健機関（WHO）の国際生活機能分類（ICF）の考え方と同様のものです。知的障害のある人の実生活上の困難さは、個人の要因だけで生じるわけではないことを指摘するものとして重要です。

（3）障害の程度

　厚生労働省では、生活能力と IQ を基準として知的障害の程度を判定しています。表2−2 に程度別判定の導き方を示しました。例えば、縦に示されている I から IV の段階で IQ が I の段階（IQ 〜 20）であった場合で、日常生活能力水準が d（a に近いほど困難が大きい）であれば、最重度ではなく重度と判定されることになります。これは IQ だけで判定をするわけではないことを示しています[6]。

　一方、文部科学省では障害の程度を援助の必要性の程度で示しています。このような文部科学省での知的障害の程度の示し方は、2002（平成 14）年 4

表2-2　厚生労働省の知的障害の程度分類

生活能力 IQ	a	b	c	d
Ⅰ（IQ　～20）		最重度知的障害		
Ⅱ（IQ 21～35）		重度知的障害		
Ⅲ（IQ 36～50）		中度知的障害		
Ⅳ（IQ 51～70）		軽度知的障害		

出典：文献6）より。

表2-3　特別支援学校の対象となる知的障害のある人の記述

2002年4月以前	2002年4月以降
1. 知的発達の遅滞の程度が中度以上のもの	1. 知的発達の遅滞があり、他人との意思疎通が困難で日常生活を営むのに頻繁に援助を必要とする程度のもの
2. 知的発達の遅滞の程度が軽度のもののうち、社会的適応性が特に乏しいもの	2. 知的発達の遅滞の程度が前号に掲げる程度に達しないもののうち、社会生活への適応が著しく困難なもの

出典：学校教育法施行令より。

月に学校教育法施行令が改正されたことに起因しています。表2-3に学校教育法施行令改正前後の特別支援学校の対象となる知的障害の程度を示しました。この改正は前述したAAIDDの第9版（1992年）における定義の影響によるものです。同様に、2013年の初等中等教育局長通知では、特別支援学級の対象となる知的障害者の程度を、「知的発達の遅滞があり、他人との意思疎通に軽度の困難があり日常生活を営むのに一部援助が必要で、社会生活への適応が困難である程度のもの」と位置づけています[7]。

② 知的障害に関する危険因子と主要な疾患の特徴

　一般的にIQを求める知能検査は100が平均となるように作成され、1標準偏差が15になるように作られています。つまり知的機能に制限があることを示すIQ70という値は、平均よりも2標準偏差離れていることを示す値

であり、（知的機能のみをみればですが）知的障害として考える統計的な基準となります。この基準に当てはめると、平均から2標準偏差以下の人は全体の2.3％程度になります。

　一方、2021（令和3）年度の障害者白書をみると、知的障害者の人数は約109万4千人で、日本人の総人口から考えると約0.9％が知的障害（厳密にいうと療育手帳を所持している人）ということになります[8]。従来から知的障害のある人の割合は約1％といわれていますが、先ほどの統計的な値と比べると0.1％ほど差があることがわかります。この値は、すべての人が療育手帳を取得するわけではないこと、知的障害は知的機能だけで診断・判断されるわけではないこと、などが関連すると考えられます。

（1）主な危険因子

　知的障害は、生物医学的、社会的、行動的及び教育的な4つの危険因子カテゴリーの多因子構成概念によって概念化されています[5]。生物医学的危険因子は、遺伝性疾患や栄養など、生物学的経過に関する因子を示しています。社会的危険因子は、刺激や大人からの反応など、社会と家族の相互作用に関係する因子です。行動的危険因子は、危険な活動や母親の物質乱用など、原因になるかもしれない行動に関係する因子です。

　教育的因子は、知的発達と適応スキルの発達を促進する、教育的支援の利用可能性と関係する因子になります。これらの危険因子カテゴリーを出生前、周産期、出生後の3つの時期によって整理したものを表2-4に示しました。

1）生物医学的危険因子

　生物医学的危険因子には、知的障害の原因となる因子が取り上げられており、従来から指摘される内容です。例えば、染色体異常については、ダウン症候群、脆弱X症候群などが含まれます。代謝疾患としてはフェニルケトン尿症やムコ多糖症などが含まれます。危険因子として取り上げられているのは、必ずしも因子として取り上げられた内容が知的障害の原因となるものではないことを意味しています。また、高齢の親から生まれた子どものすべてが知的障害になるということではなく、出産の高齢化は知的障害のある子どもが生まれるリスクになる、ということです。それは周産期や出生後も同

表2−4　知的障害につながる4つの危険因子カテゴリー概要

	生物医学的	社会的	行動的	教育的
出生前	染色体異常、代謝疾患、脳の発生異常など	貧困、母親の栄養不良、出生前ケアの未実施　など	親の薬物使用、親の飲酒、親の喫煙　など	親の認知能力障害、親になる準備の欠如
周産期	極度の未熟性、分娩外傷、新生児期の疾患	出生前ケアの未実施	親による養育拒否、子どもの放棄	福祉的支援紹介の欠如
出生後	外傷性脳損傷、栄養不良、髄膜脳炎、発作性疾患など	適切でない養育、家庭の貧困、家庭の慢性疾患　など	子どもの虐待とネグレクト、ドメスティックバイオレンス　など	不適切な育児、早期介入支援や家族支援などが不十分など

出典：文献6）を参考に筆者作成。

様です。脳炎や髄膜炎などの脳感染症を患うことによって発達障害や難聴、知的障害を発症するリスクとなります。

2）社会的危険因子、行動的危険因子、教育的危険因子

　社会的危険因子、行動的危険因子、教育的危険因子も同様のことがいえます。家族や養育者においても出産に至るまでの要因や、出生後の危険因子が取り上げられています。このように生物医学的な因子だけでなく、環境的もしくは心理社会的な因子を含めた多因子構成概念は、知的障害のリスクに対する多様な対応を検討することにも役立つものです。例えば、生物医学的危険因子があったとしても、社会的危険因子、行動的危険因子、教育的危険因子に対してアプローチすることで障害がもたらす制限は小さくなるかもしれないからです。同様に、生物医学的危険因子がなくても社会的危険因子がもたらす影響によって、障害はより重篤になるとも考えられます。

(2)　知的障害につながる代表的な疾患と合併する疾患の特徴

1）染色体異常症

　染色体異常症とは、染色体の数や構造の異常により生じる疾患のことです。例えば、ダウン症候群やプラダーウィリー症候群、ターナー症候群などが含まれます。

　ダウン症候群の原因は21番染色体が1本多くあることが多いですが、転座型やモザイク型などのタイプも存在します。ダウン症候群の特徴としては、発達の遅れがあること、筋緊張が低いことなどが挙げられます。また、合併することが多いのは、先天性の心疾患、急性白血病、首の環軸関節が不安定であること、甲状腺機能低下症などです[9]。その他、視覚的・空間的な課題よりも言語・聴覚的な課題に弱さがあることや適応行動が良好であること、親しみやすい人柄であることなどの特徴があります[5]。

2）先天性代謝異常

　フェニルケトン尿症やガラクトース血症などがあります。フェニルケトン尿症は、フェニルアラニンをうまく代謝できないことで発症することが認められています。新生児期に行うマススクリーニングにおいて発見されることも多く、食事においてフェニルアラニンの摂取量を抑えることが必要になります。乳児期にはフェニルアラニンを除去したミルクを飲ませることで知的障害を予防することが可能となります[10]。

3）自閉スペクトラム症

　自閉スペクトラム症は、知的障害とは異なる障害です。ただ、知的障害を伴う自閉スペクトラム症の子どもは、特別支援学校や特別支援学級に多く在籍しています。自閉スペクトラム症は、複数の状況で社会的コミュニケーション及び対人的相互反応における持続的な欠陥がある、行動、興味、または活動の限定された反復的な様式を示すなどの行動特徴を有しています。その他にも、感覚に関する過敏性や鈍感性、シングルフォーカス（同時に2つ以上の情報を処理できない）やセントラルコヒーレンス（複数の情報を統合して高次の意味を構築して行動の選択に利用すること）の困難さといった情報処理に関する特徴があります[11]。

4）てんかん

　知的障害、自閉スペクトラム症などのある子どもは、障害の程度が重くなると、てんかんの合併率が高くなります。てんかん発作で注意することは、医師から服薬について情報を得て、服薬状況を確認すること、抗けいれん剤の副作用が生じていないかを確認すること、発作が生じた際には怪我をしないように配慮すること、発作を繰り返すことに対する対応などが考えられま

す。また、十分な睡眠をとり、過労を避けるなどの普段の生活を整えることも必要です[10]。

③ 知的障害の理解と特徴

　第1節で述べたように、知的障害として診断・判断するためには、知的機能と適応機能について評価する必要があります。本節では知的機能の評価と適応機能の評価を中心とし、そのほか知的障害に関連する特徴に合わせた評価領域と方法について解説します。

(1) 知的機能及び発達段階の評価方法
　一般に、知的障害の子どもの知的機能は、標準化された知能検査によって測定されます。先にも示したように、知的障害があるということは、これらの検査により IQ70 以下（IQ100 よりも2標準偏差低い値）を示すことを意味しています。障害のある子どもによく用いられる個別式の知能検査には、「田中ビネー知能検査」、ウェクスラー（Wechsler）系の検査である「WISC-V知能検査」、発達検査としては「新版K式発達検査2020」などがあります。

1) 知能検査の概略
　知能検査とは、それぞれの検査が作られた背景にもよりますが、一般知能（g）を測定するために作成されたものということができます。一般知能（g）とは、イギリスの心理学者スピアマン（Charles Spearman 1863-1945）によって、認知能力を測定する尺度の多くに高い相関関係が認められたことに起因しています。スピアマンは、知能を単一の因子である一般知能（g）によって説明できると結論づけました[5]。知能は目に見えるものではないため、研究者が知能を定義づけ、検査項目を作成し測定しています。近年の知能検査の多くは、単一ではなく複数の構成因子からなるという構成概念に基づいて作成されているものが多くなっていますが、その総体としての一般知能（g）を想定して作成されているものがほとんどです。

・田中ビネー知能検査
　田中ビネー知能検査は、日本でよく用いられる検査のひとつです。一般知

能の測定を目的とし、2歳から成人までを対象とした個別式の知能検査です。検査項目は、年齢段階による難易度別の構成がなされており、各年齢級の問題は、言語、動作、記憶、数量、知覚、推理、構成などの様々な内容から構成されています[12]。

　田中ビネー知能検査では、通過した項目数に基づいて精神年齢（MA）を求め、精神年齢（MA）と生活年齢（CA）の比を用いて知能指数（IQ）を算出します。第5版である「田中ビネー知能検査V」では、2歳から13歳は従来同様に精神年齢と生活年齢の比を用いて知能指数を算出しますが、14歳以上は「結晶性」「流動性」「記憶」「論理推理」の4分野についてそれぞれ偏差値知能指数（DIQ）を算出し、知能の特徴をとらえることができるようになっています。

・**WISC-V知能検査**

　ウェクスラー系の知能検査で子どもを対象としているのはWISCです。WISCは2022年現在、第5版の「WISC-V」が最新のものとなります。「WISC-V」は、偏差IQ（平均100、標準偏差15となるように標準得点化する）により知能指数を算出します。全般的な知能指数は、FSIQという指標によって表されます。また、検査を構成する下位検査のまとまりによって、言語理解指標（VCI）、視空間指標（VSI）、流動性推理指標（FRI）、ワーキングメモリー指標（WMI）、処理速度指標（PSI）の5つの領域の知的機能を算出することができるようになっています。加えて、補助指標として、量的推理指標（QRI）、聴覚ワーキングメモリー指標（AWMI）、非言語性能力指標（NVI）、一般知的能力指標（GAI）、認知熟達度指標（CPI）を表すこともできます。

　「WISC-V」は、このような指標得点の違いを比較検討することで、個人の知的機能の強さと弱さについて検討できるように作成されています[13]。

2）**発達検査の概略**

　発達検査は、発達段階を明らかにするために用いられる検査です。多くの発達検査は、知的機能だけでなく運動や社会性なども含めた総合的な領域に関する発達の状況を調べるために開発されています。

・新版 K 式発達検査

　新版 K 式発達検査は、京都市児童院（京都市児童福祉センターの前身）で開発された発達検査です。0 歳から成人まで適用でき、項目数を基に発達年齢（DA）を求め、発達年齢（DA）と生活年齢（CA）の比によって発達指数（DQ）を求めることができるように作成されています。新版 K 式発達検査には、「姿勢・運動（postural–motor, P–M）」「認知・適応（cognitive–adaptive, C–A）」「言語・社会（language–social, L–S）」の 3 つの領域があり、通過と未通過の項目を書き出すことでプロフィールを描くことができます。プロフィールを利用して、発達の強みや弱みなどの状況を知ることができます[12]。新版 K 式発達検査 2020 では、新たに社会性の項目が追加されています。

・遠城寺式乳幼児分析的発達検査

　遠城寺式乳幼児分析的発達検査は、簡易式の発達スクリーニング検査です。「運動」（移動運動・手の運動）、「社会性」（基本的習慣・対人関係）、「理解・言語」（発語・言語理解）の 3 領域 6 項目の発達の状況について、プロフィールを示すことによって、その発達状況を分析的に評価することができます。0 歳 0 カ月から 4 歳 8 カ月までを対象としています[12]。

3）知的障害のある子どもの発達及び知的機能の評価と特徴

　知的障害があるということは、発達検査や知能検査の結果をみると全般的な遅れもしくは得点の低さがみられるということになります。発達検査の項目をみるとわかると思いますが、一般には知的機能の制限だけでなく運動面や社会性の面でも制限があることがほとんどです。同時に、子どもによって特徴が異なりますが、ある領域の能力に偏りがみられることもあります。例えば、運動面の発達に比べると、言語面や認知面に遅れが大きかったり、社会性の面の遅れが大きかったりといったことです。近年の知能検査や発達検査では、領域間の偏りを評価できるようになっているものがほとんどです。知能検査や発達検査を用いることは、知的障害があるかどうかを検討するだけでなく、子どもの強みと弱みを把握するために用いることが重要となります。

　一般的な知的障害のある子どもの知的機能の特徴を概説すると、スキルや知識を習得するのに時間や労力がかかること、一度に多くの物事を憶えるこ

とが困難なこと、抽象的な概念の獲得に困難を示すこと、新規の問題に対してそれまで身につけているスキルや知識を利用して問題解決を図ることに困難を示すことなどが挙げられます。また、知的障害のある子どもは、自分の記憶できる範囲を正しく評価できないこと、課題遂行におけるモニタリング（課題の遂行について次に何を行うか、正しくできているかなどを確認すること）の技能に劣ること、自発的に効率的な方略を使用しないこと、なども指摘されています[14]。知的障害のある子どもの知的機能に関しては、基礎的な認知機能だけでなく、メタ認知についても制限があることが指摘されています。

　一方で、知的に障害のない子どもと変わらないこととして指摘されていていることは、憶えたことを忘れる速度や、心的な労力があまり必要とされない課題である空間的な位置などを憶えること、頭の中で繰り返して憶えるような方略ではなく、外的な手がかりを使うような方略の利用などがあります[14]。

(2) 適応機能の評価と特徴
1) 適応機能に関する検査
　適応機能を評価する検査には、「日本版 Vineland-Ⅱ」「S-M 社会生活能力検査（第3版）」などがあります。
・日本版 Vineland-Ⅱ
　日本版 Vineland-Ⅱ は、アメリカで開発された適応行動全般の標準化された検査を日本で標準化した検査です。「日本版 Vineland-Ⅱ」は、適応行動を個人的・社会的充足を満たすのに必要な日常生活における行動と定義づけています。なお、この定義は次の4つの原則を含めたものであるとしています[15]。
　①適応行動は、それぞれの年齢で重要となるものが異なる。
　②適応行動の評価は、個人が関わる環境の期待や基準によって変化する。
　③適応行動は、環境の影響および支援効果などによって変容する。
　④適応行動の評価は、行動そのものを評価するものであり、個人の可能性を評価しない。

日本版 Vineland-II では、評価対象者の日常をよく知っている成人に対する半構造化面接によって実施されます。含まれる領域は、「コミュニケーション領域」「日常スキル領域」「社会性領域」「運動スキル領域」「不適応行動領域」の5つです。それぞれの領域には下位領域があり、下位領域は全部で15あります。

　「日本版 Vineland-II」の全般的指標（コミュニケーション、日常生活スキル、社会性、運動スキルの領域を総合的に算出したもの）としての適応行動得点は、平均100、標準偏差15で算出されています。各領域の領域標準得点も同様で平均100、標準偏差15になります。

・S-M 社会生活能力検査（第3版）

　S-M 社会生活能力検査（第3版）は、社会生活能力を「自立と社会参加に必要な生活への適応能力」と定義しており、子どもの日頃の様子から社会生活能力の発達をとらえる検査です。子どもの日頃の様子をよく知る保護者や養育者が回答する質問紙の形式で作成され、質問項目は129項目で構成されています。

　社会生活能力を測定する領域は、「身辺自立（衣服の着脱、食事、排せつなどの身辺自立に関する能力）」「移動（自分の行きたいところに移動するための能力）」「作業（道具の扱いなどの作業遂行に関する能力）」「コミュニケーション（言葉や文字などによるコミュニケーション能力）」「集団参加（社会生活への参加の具合を示す能力）」「自己統制（わがままを抑え、自己の行動を責任をもって目的に方向づける能力）」の6領域で、社会生活年齢（SA）と社会生活指数（SQ）を算出できるように作成されています。また、領域別に社会生活年齢（SA）を算出することで、個人の社会生活能力の特徴について知ることもできます[16]。

2）知的障害のある子どもの適応機能の評価と特徴

　適応機能についての知的障害のある子どもの特徴をみると、知的機能と同様に全般的に低くなる傾向があり、知的機能の制限が大きいほど適応機能の制限が大きくなる傾向があります[15]。

　さらに「日本版 Vineland-II」のマニュアルをみると、領域による偏りでは、コミュニケーション領域が特に低く、その下位領域では、理解言語より

も表出言語や読み書きの領域が低いこと、日常生活スキル領域では家事の領域が比較的高いことが示されています。社会性領域では、知的機能の制限が軽度である場合にはその下位領域は同程度であり、全体の中でも平均的な得点を示しているものの、知的な制限が大きくなると遊びと余暇の領域や地域生活の領域が低い傾向があります。運動領域では、粗大運動は知的機能の制限の程度にかかわらず、相対的に良好であることが示されています。

このような特徴は全般的なものであるので、すべての知的障害のある子どもの特徴であるということはできませんが、目安とすることはできると考えます。ただし、個別の子どもについて検討する場合は、その子どもの特徴を領域別にみて、強さと弱さについて理解することが重要となります。

一方で、知的障害のある子どもが、有していると思われる能力よりも低い遂行成績を示すことがあることにも留意することが必要です。成育過程の中で過度な要求や期待により失敗経験が繰り返されることで動機づけが低下する、頻繁に経験した失敗経験により自分の課題解決に不信感をもつようになる、あるいは、他者との相互作用で否定的な出来事を多く経験したことから人に対する警戒心や不安をもつ、などによって能力を発揮できないこともあるからです。

④ 知的障害の学びへの配慮・工夫

(1) 学びの特徴と配慮・工夫

一般に知的能力に制約があることによって生じる困難や特性は、①習得した知識や技術が偏ったり、断片的になったりしやすい、②習得した知識や技術が実際の生活には応用されにくい、③抽象的な指導内容よりは、実際的・具体的な内容が習得されやすい、といったことが挙げられます。このような知的能力の制約に対して、教育の分野では、生活に結びついた実際的で具体的な活動を、実際的な状況下で指導したり、多様な生活経験を通して生活の質が高まるようにしたりすることが求められます。

また、できる環境や手だてを設定したなかで可能な活動を通して学習することは、自信獲得につながりやすく、同時に一つひとつの適切なスキルを積

み上げることにつながります。「すべての活動に対して参加することを強要せず、知的障害のある子どもが得意とする活動や、普段の授業で慣れている活動を利用したり、興味・関心をもつことができる活動を設定する」「言葉による指示だけでなく、絵や写真などを用いたり、モデルを示したりすることによって、子どもが活動内容を理解しやすくなるようにする」などは手だてとして有効です。大事なことは“できなかった”、という結果で終わるのではなく、“できた”という結果が得られるように環境を設定したり、活動内容を工夫したりすることであると考えます。

(2) 二次的な障害に対する配慮

　知的障害があることで、失敗や他者からの叱責など否定的な経験や体験をすることが多いといわれます。例えばコミュニケーション場面で、知的障害のある子どもは自分を有能であるとみせようとした結果、失敗することがあります。また、不適切な話し言葉に対して、周囲が過度に修正すると、話さなくなることもあります[14]。

　このような関わり方は、知的障害のある子どもの動機づけや自己イメージを阻害することで、課題を回避したり自発性を損ねたりすることにつながります。具体的には、指示された課題に取り組もうとしない、課題場面を避ける、質問されたことに答えないもしくは強い指示がないと答えない、質問されたこととは違う自分の興味のある別の話題をもち出すなどです。

　このような反応は、課題の難易度や人との関係にも関連することから、一般的には課題をわかりやすくする、お互いに友好的な対人関係を構築する、他者からの援助が得られる環境を作る、反応しやすい状況や環境を設定するなどによって改善することができます。

　資料：用語解説

●DSM-5

　アメリカ精神医学会が出版している精神障害の診断・統計マニュアルの第5版。精神疾患等の診断基準が示されている。知的障害は知的能力障害群として精神発

達症群／精神発達障害群分類されている。

●ICD11

世界保健機関（WHO）が示す障害や死因の統計を国際比較するための統計分類の第 11 版。知的障害は知的発達症として神経発達症群に分類されている。

●ICF

WHO が公表した国際生活機能分類のこと。International Classification of Functioning, Disability and Health の頭文字をとって ICF といわれる。ICF の前身は国際障害分類であったが、ICF から障害に限定しない生活機能に対する分類として示されるようになった。生活機能を「心身機能・構造」（生理・医学的なレベル）、「活動」（個人の能力のレベル）、「参加」（社会との関わりのレベル）の 3 水準でとらえ、それぞれの状態像は相互に関連すること、背景にある環境因子や個人因子によって影響されることがモデルを用いて説明されている。

●障害者手帳は 3 種類

我が国には、障害があること、障害者福祉サービスが提供される資格があることを示す手帳として、「身体障害者手帳」「療育手帳」「精神障害者保健福祉手帳」の 3 種類がある。これらを総称するときに「障害者手帳」と表現するが、「障害者手帳」という名称の手帳はない。

「身体障害者手帳」は視覚障害、聴覚障害、肢体不自由などの身体機能に障害があると認められた場合に交付され、療育手帳は児童相談所や厚生相談所において、知的障害があると判定された場合に交付される。

引用・参考文献 ———————————————————————

1）厚生労働省（2004）「資料 6　これまでの用語変更事例」https://www.mhlw.go.jp/shingi/2004/06/s0621-5f.html。

2）American Psychiatric Association（2013）*Diagnostic and Statistical Manual of Mental Disorders, Fifth Edition: DSM–5*. American Psychiatric Association.
高橋三郎・大野裕監訳（2014）『DSM–5 精神疾患の診断・統計マニュアル』医学書院。

3）森野百合子・海老島健（2021）「ICD–11 における神経発達症群の診断について——ICD–10 との相違点から考える」、『精神神経雑誌』第 123 巻（4）、214–220 頁。

4）Schalock, R.L., Luckason, R., and Tasse, M.J.（2021）An Overview of Intellectual Disabilitiy: Definition, Diagnosis, Classification, and System of Supports（12th ed.）.

American Journal on Intellectual and Developmental Disabilities, 126, 439–442.

5) AAIDD（2010）*Intellectual Disabilities definition, classification, and systems of supports*（11th ed.）. American Association on Intellectual and Developmental Disabilities.
米国知的・発達障害協会用語・分類特別委員会編（太田俊己・金子健・原仁・湯汲英史・沼田千好子共訳）（2012）『知的障害——定義・分類および支援体系』日本発達障害福祉連盟。

6) 厚生労働省（2007）「平成 17 年度知的障害児（者）基礎調査結果の概要」https://www.mhlw.go.jp/toukei/saikin/hw/titeki/index.html

7) 文部科学省（2013）「障害のある児童生徒等に対する早期からの一貫した支援について（通知）」https://www.mext.go.jp/a_menu/shotou/tokubetu/material/1340331.htm

8) 内閣府（2021）「障害者の状況」、『障害者白書　令和 3 年版』勝美印刷、245–251 頁。

9) 中村みほ（2016）「染色体異常症」、日本 LD 学会編『発達障害事典』丸善出版、390–391 頁。

10) 筑波大学特別支援教育研究センター・前川久雄編（2006）『講座特別支援教育 2　特別支援教育における障害の理解』教育出版。

11) 肥後祥治（2019）「11 章　ASD（自閉症スペクトラム障害）」、柳本雄次・川合康編著『特別支援教育［第 3 版］——一人ひとりの教育的ニーズに応じて』福村出版、146–156 頁。

12) 辻井正次監修（2014）『発達障害児者支援とアセスメントのガイドライン』金子書房。

13) 日本文化科学社「WISC-V 知能検査」https://www.nichibun.co.jp/seek/kensa/wisc5.html

14) 佐藤克敏（2014）「第 9 章　知的障害の理解と指導・支援」、柘植雅義・渡部匡隆・二宮信一・納富恵子編『はじめての特別支援教育——教職を目指す大学生のために［改訂版］』有斐閣、141–155 頁。

15) Sparrow, S. S., Cicchetti, D.V., and Balla, D. A.（2005）*Vineland Adaptive Behavior Scales*（2nd ed.）. NCS Pearson.
辻井正次・村上隆監修『日本版 Vineland-Ⅱ 適応行動尺度——面接フォームマニュアル』日本文化科学社。

16) 上野一彦・名越斉子・旭出学園教育研究所「S-M 社会生活能力検査　第 3 版」日本文化科学社 https://www.nichibun.co.jp/seek/kensa/sm3.html

＊上記 URL はすべて 2022 年 8 月 2 日最終閲覧。

（佐藤克敏）

第 **3** 章

知的障害教育の教育課程とその授業

　知的障害の子どもとの授業を考える前提として、学校の教育課程の編成があります。また、学校の教育課程編成の基準として、「学習指導要領」があり、その内容を適切に理解することが必要になります。

　ここでは、小・中学校の教育課程を踏まえて、まず、特別支援教育の授業づくりの特徴と特別支援学級（知的障害）や特別支援学校（知的障害）の教育課程編成の考え方について学びます。知的障害教育の教育課程の独自性のひとつである「知的障害者である児童生徒に対する教育を行う特別支援学校の各教科（以下は「特別支援学校（知的障害）の教科」）」について述べ、指導計画の作成等にあたっての配慮事項などを紹介します。さらに、特別支援学級（知的障害）の教育課程、授業づくりについて説明します。

1 授業と教育課程

　学校では、日々の教育活動として、授業が展開されています。ここでは、授業や教育課程とは何かを踏まえて、特別支援教育における教育課程の特徴について考えます。

（1）授業とは、教育課程とは、学習指導要領とは

　教育課程編成や授業づくりを理解する前提として、「教育課程とは」や「授業とは何か」をまず理解しましょう。国語や算数などの授業がありますが、そもそも「授業」とは何でしょうか。教育課程や授業を考える基本的な用語を表3-1にまとめました。

表 3-1　教育課程や授業を考える基本的な用語

授業
学校において決められた時間枠で展開される学習・教授活動（各教科や特別活動など）
教育課程
教育の内容を授業時数との関連において総合的に組織した学校の教育計画
教育の内容×授業時数
学習指導要領
学校教育法に基づき国が定める教育課程の基準
教育の内容（教育内容）
教育課程編成の基本的な要素である各教科等の種類
「小学校：国語、社会、算数、理科、生活、音楽、図画工作、家庭、体育及び外国語の各教科、特別の教科である道徳、外国語活動、総合的な学習の時間並びに特別活動」
授業時数
学校が年間に行う各教科等の授業時間数のこと
学校教育法施行規則で、小・中学校の教科等の年間の標準授業時数を規定
カリキュラム・マネジメント
教育課程に基づく組織的かつ計画的な各学校の教育活動の質の向上

出典：筆者作成。

　「授業」とは、一般的に各教科や特別活動などについて、決められた時間枠で展開される学習・教授活動を意味します。それでは、「教育課程」とは何でしょうか。どのような教科等をどれだけの時間で実施するかを決めた計画が教育課程です。この教育課程について、文部科学省（2015）は「教育課程とは、学校教育の目的や目標を達成するために、教育の内容を子供の心身の発達に応じ、授業時数との関連において総合的に組織した学校の教育計画であり、その編成主体は各学校である。」としています[1]。つまり、各学校は、教育課程を編成し、学校での時間割（週時程）を決め、授業を実施します。

　そして、その教育課程を編成する際に、教育課程の基準として学校教育法に基づいて国が定め示したものが「学習指導要領」であり、そこには教育の目標や指導すべき内容等が体系的に示されています。

(2) 教育の内容（教育内容）と授業時数

　ここで確認しておきたいことは、学校の教育課程は「教育の内容」と「授業時数」を含めた計画という点です（図 3-1）。教育の内容（教育内容）とは何でしょうか。教育内容とは「教育課程編成の基本的な要素である各教科等の種類」と考えられます[2]。その教育内容は、学校教育法施行規則で規定さ

教育課程1　例：知的障害を伴わない特別支援学級（小学校5年生）の教育課程

各教科	道徳	総合的な学習の時間	特別活動	自立活動

注1：視覚障害等のみの場合であり自立活動が加わったもの、教科等は「小学校5年生」と同じである。
注2：小学校5年生の例であり外国語科は各教科に含まれる。3・4年生であれば、外国語活動が位置づけられる。

教育課程2　例：知的障害の特別支援学級や特別支援学校（小学校・小学部5年生）の教育課程

各教科（知的障害）	道徳	総合的な学習の時間	特別活動	自立活動

注1：特別支援学校（知的障害）の場合は、各教科は特別支援学校（知的障害）の教科である。
注2：特別支援学級（知的障害）の場合は、特別支援学校（知的障害）の教科ではない場合もある。
注3：特別支援学校（知的障害）小学部の場合は、総合的な学習の時間はない。
　　　特別支援学校（知的障害）小学部の場合は、必要に応じて外国語活動を設けることができる。

図3-1　特別支援学級における2タイプの教育課程

出典：筆者作成（横軸の幅は、授業時数のイメージだが、正確な割合ではない）。

れています。

　小学校の教育内容は、「国語、社会、算数、理科、生活、音楽、図画工作、家庭、体育及び外国語の各教科、特別の教科である道徳、外国語活動、総合的な学習の時間並びに特別活動」となっています[3]。また、授業時数とは、学校が年間に行う各教科等の授業時間数のことであり、学校教育法施行規則によって小・中学校における教科等の年間の標準授業時数が定められています。さらに近年では、教育課程の実施状況を評価してその改善を図っていくなどを通して、教育課程に基づき組織的かつ計画的に各学校の教育活動の質の向上を図っていくカリキュラム・マネジメントが重視されています。

（3）特別支援学級や特別支援学校の教育課程、授業の特徴

　知的障害のある子どもの主な学びの場は、特別支援学級（知的障害）や特別支援学校（知的障害）になります。特別支援学級や特別支援学校における教育課程の編成やその授業づくりの手続きは、基本的には小・中学校と同じです。特別支援学級の場合には、学校教育法施行規則第138条で、「特別の教育課程によることができる。」とされています。この特別の教育課程を編成する場合には、「特別支援学校小学部・中学部学習指導要領（以下、特別支

表3-2　特別支援学校等における教育課程や授業の特徴

授業
　個別の指導計画により、個々の学びに応じて目標など設定することが基本（cf. 小学校等の通常学級は集団を前提として学年で目標や内容が決められている）

学習指導要領
　小・中学校学習指導要領とは異なる「特別支援学校小学部・中学部学習指導要領」などがある

教育内容
　独自な教育内容として「自立活動」や知的障害の場合の特別な教科がある

教育課程
　小・中学校等の教育内容に加えて、自立活動を実施
　特別支援学校（知的障害）の教科に加えて、自立活動等と柔軟に編成可能

授業時数
　学校教育法施行規則が規定する年間の標準授業時数を踏まえ、柔軟に運用

個別の教育支援計画
　長期的な視点に立ち、教育のみならず、家庭や医療、保健、福祉、労働等の側面からの取組みを含めた支援計画を作成・活用

出典：筆者作成。

援学校学習指導要領）」を参考とすることになっています。

　特別支援学校の場合は、学校教育法が規定する特別支援学校の目的や学校教育法施行規則が規定する小学部、中学部などの教育課程を踏まえて教育課程を編成し、授業づくりを実施していきます。表3-2に、特別支援学級や特別支援学校における教育課程や授業の特徴をまとめました。

1）個別の指導計画と特別支援学校小学部・中学部学習指導要領

　最初に、特別支援学校等の授業づくりの特徴とは何でしょうか。それは、「個々の学び」を大切にした「個に応じた授業」という点です。小・中学校の通常学級の授業は、集団を前提として学年全体で目標や内容が決められています。それに対して特別支援学校等の授業は、個々の学びに応じて目標や内容を検討することが基本であり、「個別の指導計画」を作成して授業に取り組みます。個別の指導計画とは、教育課程を具体化し、一人ひとりの指導目標、指導内容及び指導方法を明確にして、きめ細やかに指導するために作成する、とされています[2]。

　そのために授業は、3〜10人程度のグループや個別で実施されます。この「個に応じたきめ細やかな指導」などを実施するために、特別支援学校学習指導要領には、小学校等にはない教育内容として、「自立活動」や特別支援学校（知的障害）の教科などが示されています[4]。

　なお、授業で学習指導を行うための「個別の指導計画」とは別に、福祉など
の他機関との連携を図り長期的な視点に立った一貫した支援を行うための
「個別の教育支援計画」を作成する必要があります。この計画は、教育のみ
ならず、家庭や医療、保健、福祉、労働等の側面からの取組みを含めたもの
になります。

2）教育課程と授業時数

　前述の教育内容を踏まえて学校の教育課程が編成されますが、大きくは①
小・中学校等の教育内容に加えて自立活動の教育課程（図3−1の教育課程1）
と、②特別支援学校（知的障害）の教科等に加えて自立活動の教育課程（図
3−1の教育課程2）の2つになります。この違いは、子どもの知的障害の有
無になります。つまり取り扱う教科が小・中学校の教科か、特別支援学校
（知的障害）の教科か、の違いです。共通する独自な教育内容として、自立
活動があります。

　なお、個別の指導計画や学習評価（指導要録を含む）は、各教科等の教育
内容の枠において記載することが基本です。また授業時数については、学校
教育法施行規則が規定する年間の標準授業時数を踏まえ、柔軟に運用する必
要があります。

② 特別支援学校（知的障害）の教育課程、授業

　ここでは、まず、特別支援学校学習指導要領を踏まえた特別支援学校（知
的障害）の教育課程と授業づくりを理解しましょう。なお、特別支援学級
（知的障害）の場合には、特別支援学校（知的障害）の教育課程と授業づくり
の理解がその基礎になります。

（1）知的障害と学習上の特性

　最初に、知的障害の子どもの学習上の特性についてです。表3−3に学習
上の特性を示しました。学習上のこれらの特性等を踏まえ、子ども一人ひと
りの学習状況の的確な把握に基づいて、①多様な生活経験を通して日々の生
活の質が高まるようにする、②自ら見通しをもって主体的に行動できるよう

表3-3　知的障害の子どもの学習上の特性

①学習によって得た知識や技能が断片的になりやすく実際の生活場面に生かすことが難しい。
・学びで得た情報を自発的につなげることが難しく、実際の生活場面に即しながら、学んだことを環境に応じて活用できるように繰り返し学習する。
・学習状況や活用する力を踏まえて、段階的で継続的な指導が重要になる。
②情報の意識的な処理や自発的な行動力に困難さがあり、成功体験が少ないことなどにより、主体的に活動に取り組む意欲が十分に育っていないことが多い。
・言語のみに頼らず、視覚的情報や動作的表出を活用する。
・頑張っているところやできたところを細かく認めたり称賛したりする。
・抽象的な内容の指導よりも、実際的な生活場面で具体的に思考や判断、表現ができるようにする。

＊出典：文献5)、6)、7) を参考に筆者作成。

にする、③集団における役割を意識し、活動において充実感や達成感、自己肯定感が得られるようにする、④働くための基本的な力を高めるようにする、ことが大切な点となります。

(2) 知的障害に対応した教育課程

　子どもが自立し社会参加するための力を身につけるためには、子どもの学習状況や発達の程度を把握し、指導内容を適切に選択・組織することが必要になります。また、実際的・体験的な活動を通して子どもが主体的に学習活動に取り組めるよう指導計画を作成することが重要です。特に知的障害教育においては、学習状況や発達の水準・段階を踏まえ、子どもの興味・関心や力のある側面を重視して、目標を達成しやすいように段階的に指導していくことが必要になります。

　また、知的障害の子どもの中には、視覚障害、聴覚障害、肢体不自由や病弱など、他の障害を併せ有する重複障害の場合もあり、その特性を把握して、一層のきめ細かな指導の計画と工夫が求められます。特に特別支援学校（知的障害）小学部では、自閉スペクトラム症との重複障害の児童が全体の半数程度を占めており、自閉スペクトラム症の行動特性を踏まえた教育課程や指導計画、授業の工夫が重要です[8]。

1) 知的障害教育における教育内容等について（学校教育法施行規則）

　知的障害教育における教育課程を検討する際には、関連する法令を踏まえて、知的障害について規定したものを理解するところから始めましょう。

表3-4　学校教育法施行規則第126条

第126条　特別支援学校の小学部の教育課程は（省略）
　2　前項の規定にかかわらず、知的障害者である児童を教育する場合は、生活、国語、算数、音楽、図画工作及び体育の各教科、特別の教科である道徳、特別活動並びに自立活動によつて教育課程を編成するものとする。ただし、必要がある場合には、外国語活動を加えて教育課程を編成することができる。

＊下線は筆者による。

　まずは、学校教育法施行規則に特別支援学校小学部の教育課程を規定した条文があります。その第2項が知的障害の児童生徒を対象とする規定です。表3-4に示します。

　例えば、小学部の教育課程は、生活、国語、算数、音楽、図画工作及び体育の各教科、特別の教科である道徳、特別活動並びに自立活動で編成するものとするとされています（図3-1の教育課程2）。ここに、「総合的な学習の時間」が含まれていない点も注意が必要です。

　小学部の「生活、国語、算数、音楽、図画工作及び体育の各教科」などは、「特別支援学校（知的障害）の各教科」です。これらの教科の名称は、小学校等の教科と同じですが、その目標や内容については独自に位置づけられたものになっています。

2）特別支援学校小学部・中学部学習指導要領における各教科

　学校教育法施行規則で規定された教育課程について、さらに詳細を示したものが特別支援学校小学部・中学部学習指導要領です。特別支援学校小学部及び中学部ごとに各教科の目標と内容が、以下のように記載されています（表3-5）。

　第1節が小学部となっていて、第1款が特別支援学校（視覚障害等）の場

表3-5　特別支援学校小学部・中学部学習指導要領

第2章　各教科
　第1節　小学部
　　第1款　視覚障害者，聴覚障害者，肢体不自由者又は病弱者である児童に対する教育を行う特別支援学校
　　第2款　知的障害者である児童に対する教育を行う特別支援学校
　　〔生活〕〔国語〕〔算数〕〔音楽〕〔図画工作〕〔体育〕の目標及び内容の記載

＊下線は筆者による。

合、第2款が特別支援学校（知的障害）の場合の各教科となっています。

　特別支援学校（知的障害）小学部の各教科では、生活科がまず位置づけられ、小学校の教科である社会科、理科、家庭科がありません。また、中学部の各教科については、技術・家庭科が職業・家庭科となっています。これらについて小学校・中学校との対比を図3−2に示しました。

　特別支援学校（知的障害）の教科の特徴は、①発達段階を踏まえながら目標や内容が発達段階の初期から準備されている点[9]、②将来の生活のために具体的な生活場面に即した経験的な学習ができる点[10]とされています。さらに、各教科の指導は、将来の生活に必要な豊かな「見方・考え方」を育むことであり、小学校等と同じように教育課程の中核になります。表3−6に国語と算数の初期段階の内容例を示しました[4]。

　特別支援学校（知的障害）の小学部・中学部に在籍する場合は、小学校及び中学校の各教科でなく、特別支援学校（知的障害）の教科を学ぶことになります。

3）特別支援学校（知的障害）の各教科の目標・内容

　特別支援学校（知的障害）の各教科は、小学校等との各教科の目標及び内容との連続性、関連性や知的障害のある子どもの学習上の特性を踏まえ、

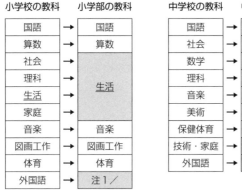

図3−2　小・中学校と特別支援学校小学部・中学部における各教科の対応

注1：外国語は設けることができないが、外国語活動は設けることができる。
注2：外国語は学校の判断で必要に応じて設けることができる。
注3：下線の教科は、名称は同じ、あるいはほぼ同じだが、目標や内容は独自なものである。
出典：筆者作成。

表3-6　特別支援学校（知的障害）の教科で小学部1段階の内容例

国語	聞くこと 話すこと	ア	教師の話や読み聞かせに応じ、音声を模倣したり、表情や身振り、簡単な話し言葉などで表現したりすること。
		イ	身近な人からの話しかけに注目したり、応じて答えたりすること。
		ウ	伝えたいことを思い浮かべ、身振りや音声などで表すこと。
算数	数と計算	ア	ものの有無に気づくこと。
		イ	目の前のものを、1個、2個、たくさん、で表すこと。
		ウ	5までの範囲で数唱をすること。
		エ	3までの範囲で具体物を取ること。

出典：筆者作成。

「段階ごと」の目標・内容が示されています（図3-3）。

　学年ではなく段階ごとに目標・内容が示されている理由は、学年が同じでも学力や学習状況が大きく異なるからです。そのため、段階ごとの目標と内容を手がかりに、個々の子どもの実態等に即して、各教科の内容を精選し、子どもの学習状況を踏まえて、目標や内容を個別に設定して授業に取り組みます。

　この目標・内容は、小学部は3段階、中学部は2段階、さらに高等部は2段階となっています。目標・内容をこれらの段階ごとに示すことで、子どもも一人ひとりの目指す資質・能力が明確にされています。

　それでは、小学部の3段階、中学部の2段階、高等部の2段階は、発達の状況からすればどのような位置づけになるのでしょうか。図3-3にその概要を示しました。教科によってばらつきはありますが、

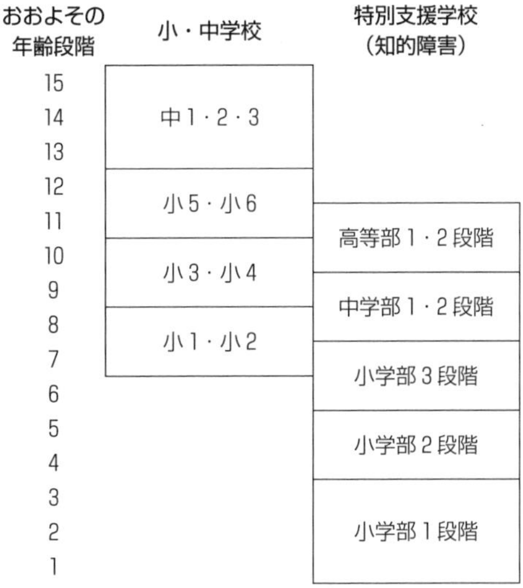

図3-3　小学校の教科と知的教科の内容の関係イメージ

出典：筆者作成。

小学部の3段階に小学校1年生の目標や内容が含まれると考えられます。特別支援学校（知的障害）の各教科は、発達の初期段階（乳幼児期）の内容を含み、かつ生活に必要な内容が盛り込まれ、学びやすい内容になっています。

4）すべての子どもに履修させること

特別支援学校（知的障害）の小学部において、各教科、道徳科、特別活動ならびに自立活動については、特に示す場合を除き、すべての子どもに履修させるものとされています。「特に示す場合」とは、知的障害等の状態により学習場面において困難さが著しい場合などのことで、特別な取扱いだけに慎重に検討する必要があります。

特に、国語や算数・数学については基礎となる教科であり、また中学部においては社会や理科についても履修させることが大切になります。子どもの学習状況等を踏まえて、その目標や内容を選択・組織しますが、明らかな内容の偏りやバランスの悪さは避けなければなりません。「学習指導要領に示されている内容の中から、必要な内容を落とさず取り扱うことができるように」、指導内容表などを活用し[11]、カリキュラム・マネジメントに取り組むことが重要です。

5）指導計画の作成等にあたっての配慮事項など

特別支援学校小学部・中学部学習指導要領の「指導計画の作成等にあたっての配慮事項など」では、「調和のとれた具体的な指導計画の作成」や「個別の指導計画の作成」などが説明されています。ここでは授業の形態、授業の仕方を取り上げます。

①各教科の教科ごとの授業

特別支援学校（知的障害）等における各教科の指導として、小・中学校と同じように教科ごとの時間を設けて指導を行う「教科ごと（教科別）の授業」が実施されています。

小学校等の教科ごとの授業と異なるのは、多くの場合、一人ひとりの子どもの実態に応じて指導で扱う内容について、個別的に選択・組織しなければならない点です。その場合に、学習状況や経験等を踏まえて、興味・関心、生活年齢等を十分に考慮します。そのためには習得している学習状況がどの段階なのかの把握が不可欠です。そのうえで、各教科の資質・能力の育成を

目指しつつ、目標や内容を明確にしながら、日々の指導方法を創意工夫する必要があります。

　また、教科ごとの授業を小集団で進める際、子どもの学習状況の個人差が大きい場合もあるので、子どもの学習状況を把握し、それぞれの教科の特質や指導内容に応じてさらに小さい集団を編成し個別的な手立てを講じるなどして、「個に応じた授業」を徹底することも求められます。

②各教科等を合わせた授業

　特別支援学校（知的障害）等において、「特に必要があるとき」は、子どもの実態と課題に応じて特別支援学校（知的障害）の各教科、道徳科、外国語活動、特別活動及び自立活動の一部又は全部を合わせて授業を行うことができます（学校教育法施行規則第130条）。この授業が、「各教科等を合わせた授業（指導）」[12] です。

　知的障害のある子どもの場合、学習で得た知識や技能を実際の生活場面で生かすことが難しいため、学校での生活場面などを工夫して体験的に学ぶ工夫が大切になります。このことから、これまでは、「日常生活の指導」「遊びの指導」などとして各教科等を合わせた授業が選択され、実践されてきました。

　また、特別支援教育で重要な自立活動についても「各教科等を合わせた授業」で実施している場合があり、その妥当性について検討することが求められています。

　自立活動を含めて、各教科等を合わせて授業を行う際には、各教科や自立活動の目標・内容を踏まえつつ、各教科等で育成を目指す資質・能力を明確にしたうえで、カリキュラム・マネジメントの視点に基づき P（Plan）− D（Do）− C（Check）− A（Action）サイクルで授業を展開します。そのために、表3−7の点に留意することが必要です[13]。

　特に「各教科等を合わせた授業」は「授業（指導）の形態」のひとつであり、取り扱う指導内容は、学習指導要領に示された各教科等を基にして設定する必要があります[13] [14]。

　再度の確認となりますが、各教科等を合わせるか否かは、授業の仕方の選択いかんです。図3−4に示すように教育課程を編成する「基本的な要素」

表3-7 各教科等を合わせて授業を行う場合の留意点

1. 各教科等において育成を目指す資質・能力を踏まえて、その教科の内容を基に、子どもの学習状況や知的障害の状態に応じて、具体的に指導内容を設定する。
2. どの教科等を合わせているかを明確にし、目標設定や学習評価は、各教科等の目標・内容を踏まえて評価の観点ごとに位置づける。
3. 各教科等の教育内容で授業時数を適切に定め、教科等ごとの授業と各教科等を合わせた授業で、指導内容相互の関連や系統性について明確にする。
   各教科の内容の「取りこぼし」のないようにする[12]。
4. 自立活動の指導は、自立活動の個別の指導計画を前提とする。
5. 個別の指導計画や指導要録などは、基本的に教育内容（教科等）で記載する。

出典：文献12）、13）を元に筆者作成。

教育課程3 間違い例 特別支援学校（知的障害）小学部5年生の教育課程の例

各教科（知的障害）	~~各教科等を合わせた授業~~	道徳	特別活動	自立活動

注1：各教科等を合わせた授業は、教育課程の基本的な要素ではない。授業の仕方であり、教育課程としての記載は誤りである。
注2：時間割等に授業の名称として、各教科等を合わせた授業で記載する場合はある。

図3-4 「合わせた授業」は教育内容ではない

出典：筆者作成。

ではないことに留意して、教育課程は教育内容ごとの授業時数で示すことを確認しましょう（図3-1参照）。

6) 自閉スペクトラム症との重複障害者の場合

　知的障害教育における教育課程や授業づくりを検討する場合には、自閉スペクトラム症の特性と指導方法や学習環境の工夫について理解しておくことも重要です。なぜなら、①特別支援学校（知的障害）小学部の子どもの約半数が自閉スペクトラム症との重複障害であり、②その場合は、行動が自閉スペクトラム症の特性に強く影響を受けるため、知的障害のみではなく自閉スペクトラム症の特性に応じた指導や対応が求められるからです[8)15)]。

　教育課程や授業づくりにおいて、自閉スペクトラム症の特性に応じた自立活動の指導が重要になります。また、特性を踏まえた指導方法・学習環境の工夫として、①その日の予定や活動の見通しがつくようにスケジュールを視覚的に提示する、②特性を踏まえて、適切なコミュニケーションの方法で働きかける、③その子どもが休める場所や落ち着くための場所を設けるなどの

取組みが実施されています。

7）重複障害者等に関する教育課程

　知的障害に加え、肢体不自由などを併せ有する重複障害のある子どもで特に必要のある場合には、特別支援学校小学部・中学部学習指導要領にある「重複障害者等に関する教育課程の取扱い」を考慮して、各教科等の目標・内容の一部等を取り扱わないなど、弾力的な教育課程を編成することができます。

　この取扱いについて、ここでは「小学部の教科等に替えること」「各教科等を自立活動に替えること」を取り上げます。

　「小学部の教科等に替えること」とは、知的障害等の状態により学習場面において様々なつまずきや困難が生じている場合に、当該学部より前段階の教科の目標や内容等に替えることができることです。例えば、中学部の「社会」「理科」及び「職業・家庭」の目標及び内容を、小学部の「生活」の目標及び内容に替えることができます。

　また、「各教科等を自立活動に替えること」とは、重複障害のため学習場面において著しい困難が生じている場合に、各教科等を自立活動に替えて教育課程を編成することを可能とする規定です。自閉スペクトラム症や知的障害の状態が極めて重度な場合など、自立活動を主として教育課程を編成することができます（図3-5）。

　この場合には、基本は教科を中心とした指導であること、および各教科と自立活動の目標設定等の違いを十分に踏まえ、替える根拠を明確にすることが重要です。

教育課程　特別支援学校（知的障害）小学部5年生の教育課程の例

各教科 （知的障害）	道徳	特別活動	自立活動

注：障害の状態が厳しい場合で、各教科等を自立活動に替えたもの。各教科は特別支援学校（知的障害）の場合が多い。

図3-5　自立活動が多い教育課程（自立活動を主とする教育課程）

出典：筆者作成。

8）情報機器等の活用

　知的障害教育においては、子どもの興味・関心を高めるために、教材・教具等を工夫することも重要です。コンピュータ等の情報機器を活用し、学習活動への意欲を高め、段階的に目標を達成できるように指導していきます。

　また、知的障害を伴いつつ他者との意思の交換等のために、スマートフォンやコンピュータ等の情報機器を有効活用し、選択などの表現活動を補ったり、伝えたいことをテキストで表現したりして、適応行動を高める取組みも重要になります。さらには、就労の機会を広げるためにも、「情報」の学習や情報機器の活用が大切になっています。

9）働く力を高めるための学び

　知的障害教育ではその人らしい社会参加を目指し、社会人や職業人として必要とされる一般的な知識・技能や態度の基礎を身につける教育が重視されてきました。

　特に、明るく豊かな職業生活や家庭生活につながる一般的な知識と実際的な活動を通して学ぶ教科として、中学部では「職業・家庭科」が、また高等部では「職業科」「家庭科」などが設けられています。

10）その他

　特別の教科である道徳や特別活動について、知的障害の子どもの指導にあたっては、知的障害の状態、生活年齢、学習状況及び経験等に応じて、適切に指導の重点を定め、指導内容を具体化し、体験的な活動を入り入れるなど工夫しましょう。

　また、自立活動の指導においては、知的障害の子どもは、全般的な知的発達の程度や適応行動の状態に比較して、言語、運動、情緒、行動等の特定の分野に、顕著な発達の遅れや特に配慮を必要とする様々な状態が知的障害に随伴してみられるので、そのような状態から生じる困難の改善等を図ることが必要になります。

③　特別支援学級（知的障害）の教育課程、授業

　特別支援学級は、知的障害の子どもを対象とする学級であるとともに、

小・中学校の学級のひとつであり、学校教育法に定める小・中学校の目的及び目標を達成するものでなければなりません。そのため小学校学習指導要領や中学校学習指導要領が教育課程を検討する基本となります。

(1) 特別の教育課程

　上記のことを前提として、学校教育法施行規則第138条で、特別支援学級は、「特別の教育課程によることができる。」とされています。この特別の教育課程とは、通常の学級の教育課程とは異なるものという意味であり、編成する場合には、特別支援学校小学部・中学部学習指導要領を参考とします。

(2) 自立活動と各教科の指導

　特別の教育課程について、小学校学習指導要領には、「特別な配慮を必要とする児童への指導」の中に「特別支援学級における特別の教育課程」が示されています。

　そこには1点目として、自立活動が示されています。自立活動の指導のために、実態把握を踏まえて、個別の指導計画を作成することが規定されています。

　2点目は、各教科の目標と内容の適切な設定です。子どもの習得状況や既習事項に応じて、表3-8のような工夫をして、教育課程を編成することが規定されています[3]。

(3) 特別支援学級(知的障害)での留意点

　小・中学校の特別支援学級（知的障害）において特別の教育課程を編成して、授業を実施する際の2つの留意点をとりあげます。

　ひとつ目は、各教科の習得状況の把握です。子どもの各教科の習得状況や

表3-8　各教科の目標と内容の設定

当該学年の教科の目標や内容の学習に難しさがある場合、
　①各教科の目標や内容を「下学年の教科の目標」に替える。
　②各教科を「特別支援学校（知的障害）の各教科」に替える。

出典：文献3）より。

51

既習事項を把握し、適切な目標や内容の設定が大切になります。

　2つ目は、各教科等を合わせた授業は「授業の仕方」であることを踏まえて、合わせる教科等の目標や内容を明確にして、教科ごとの授業との関連性を検討する必要があります。さらに、各教科の学習評価については、「知識・技能」「思考・判断・表現」「主体的に学習に取り組む態度」の観点で実施する必要があり、特別支援学級（知的障害）における教育課程編成の詳細は、国立特別支援教育総合研究所（2021）に示されています[16]。

＊　　　＊

　本章では、小・中学校の教育課程を踏まえて、まず、特別支援教育の授業づくりの特徴を理解し、特別支援学級（知的障害）や特別支援学校（知的障害）の教育課程編成の考え方について述べました。知的障害教育の教育課程の独自性のひとつである「知的障害者に対する教育を行う特別支援学校の教科」を理解して、指導計画の作成等にあたっての配慮事項などを考慮したうえで、授業づくりに取り組みましょう。

　その際には、一人ひとりの子どもの学習状況等を踏まえて、興味や関心、生活年齢等を十分に考慮し、指導で扱う内容について、個別的に選択・組織しなければなりません。そのためには習得している学習状況がどの段階なのかの把握が不可欠です。習得している段階を踏まえ、各教科のどのような資質・能力の育成を目指すのかを明確にしながら、指導を創意工夫しましょう。

引用・参考文献 ————————————————————————————
1）文部科学省（2015）「教育課程企画特別部会　論点整理」https://www.mext.go.jp/b_menu/shingi/chukyo/chukyo3/053/sonota/1361117.htm
2）文部科学省（2018）『小学校学習指導要領解説　総則編　平成29年7月』東洋館出版社。
3）文部科学省（2018）『小学校学習指導要領（平成29年告示）』東洋館出版社。
4）文部科学省（2018）『特別支援学校幼稚部教育要領　小学部・中学部学習指導要領（平成29年4月公示）』海文堂出版。
5）文部科学省（2018）『特別支援学校学習指導要領解説　各教科等編（小学部・中学部）（平成30年3月）』開隆堂出版。
6）大六一志（2016）「知的障害と発達」、筑波大学特別支援教育研究センターほか編『特別支援教育における障害の理解　第2版』教育出版、88–94頁。

7）衛藤裕司（2021）「知的障害者（児）への支援」、古賀精治編『障害者・障害児心理学』NHK 出版、78–94 頁。

8）国立特殊教育総合研究所（2005）『自閉症教育実践ケースブック』ジアース教育新社。

9）名古屋恒彦（2015）「『障害者の権利に関する条約』の下での知的障害教育教科」、『発達障害研究』37（3）、201–208 頁。

10）藤島岳（2002）「教育内容の組織化（1960 年から 1962 年頃まで）」、全日本特別支援教育研究連盟編『教育実践でつづる知的障教育方法史──教育方法の展開と探究』川島書店、37–48 頁。

11）岡山県教育委員会（2020）「岡山県特別支援学校における知的障害のある児童生徒の指導内容表」、7 頁 https://www.pref.okayama.jp/uploaded/life/662119_5768426_misc.pdf

12）太田正己（2012）『自閉症教育と知的障害教育』東洋館出版社。

13）文部科学省（2018）『特別支援学校教育要領・学習指導要領解説　総則編（幼稚部・小学部・中学部）（平成 30 年 3 月）』開隆堂出版。

14）福島県特別支援教育センター（2021）「知的障がいのある児童生徒のための各教科の指導の充実──授業づくりのポイント＆実践事例集」、11 頁 https://special-center.fcs.ed.jp/wysiwyg/file/download/1/2438

15）国立特別支援教育総合研究所（2008）『自閉症教育実践マスターブック』ジアース教育新社。

16）国立特別支援教育総合研究所（2021）「2019 ～ 2020 年度基幹研究 知的障害特別支援学級担当者サポートキットの開発──授業づくりを中心に」https://www.nise.go.jp/nc/report_material/reseach_results_publication/specialized_reseach/b-362

＊上記の URL はすべて 2022 年 5 月 1 日最終閲覧。

（徳永　豊）

第 **4** 章

教科の指導と指導の工夫

　この章では、国語や算数・数学などの各教科の目標や内容の指導を「教科ごとの指導」の形態で指導する際のポイントについて説明します。

① 教科の位置づけ

　学校教育は日本国憲法をはじめとする法体系の中で様々な目的や目標等が定められ、それらに基づいて実施されています。とりわけ、この章で扱う「教科」の目標との関連が深い法律をみてみると、例えば学校教育法の中には表4−1のような規定があります。

　これは義務教育段階における学校教育の目標として定められているもので、小学校や中学校、義務教育学校はもとより、それらに準ずる教育を施す特別支援学校小学部・中学部においても達成するように、その教育が行われなければならないものです。

　特徴的な文言として、下線を引いた部分に認められるような「生活に必要な」や「生活を明るく豊かにする」といった目標が掲げられ、それぞれの能力や態度等が養われるよう定められています。

　また、高等学校においても「義務教育として行われる普通教育の成果を更に発展拡充させて、豊かな人間性、創造性及び健やかな身体を養い、国家及び社会の形成者として必要な資質を養うこと」等が定められていますので、高等学校に準ずる教育を施す特別支援学校高等部においても、同様に達成するようその教育が行われなければならないものです。

　このために教育課程の枠組みが学校教育法施行規則等において定められ、

表 4 - 1　学校教育法第 21 条

第 21 条　義務教育として行われる普通教育は、教育基本法（平成 18 年法律第 120 号）第 5 条第 2 項に規定する目的を実現するため、次に掲げる目標を達成するよう行われるものとする。
1　学校内外における社会的活動を促進し、自主、自律及び協同の精神、規範意識、公正な判断力並びに公共の精神に基づき主体的に社会の形成に参画し、その発展に寄与する態度を養うこと。
2　学校内外における自然体験活動を促進し、生命及び自然を尊重する精神並びに環境の保全に寄与する態度を養うこと。
3　我が国と郷土の現状と歴史について、正しい理解に導き、伝統と文化を尊重し、それらをはぐくんできた我が国と郷土を愛する態度を養うとともに、進んで外国の文化の理解を通じて、他国を尊重し、国際社会の平和と発展に寄与する態度を養うこと。
4　家族と家庭の役割、生活に必要な衣、食、住、情報、産業その他の事項について基礎的な理解と技能を養うこと。
5　読書に親しませ、生活に必要な国語を正しく理解し、使用する基礎的な能力を養うこと。
6　生活に必要な数量的な関係を正しく理解し、処理する基礎的な能力を養うこと。
7　生活にかかわる自然現象について、観察及び実験を通じて、科学的に理解し、処理する基礎的な能力を養うこと。
8　健康、安全で幸福な生活のために必要な習慣を養うとともに、運動を通じて体力を養い、心身の調和的発達を図ること。
9　生活を明るく豊かにする音楽、美術、文芸その他の芸術について基礎的な理解と技能を養うこと。
10　職業についての基礎的な知識と技能、勤労を重んずる態度及び個性に応じて将来の進路を選択する能力を養うこと。

＊下線は筆者による。

各教科や特別の教科である道徳、外国語活動（小学校・特別支援学校小学部）、総合的な学習の時間（高等学校や特別支援学校高等部においては総合的な探究の時間）、特別活動、自立活動によって編成するものとされています。

　本章では、「各教科」に示された目標や内容の指導について、第 3 章で説明した「教科ごとの指導」の形態で指導する際のポイントと指導の工夫について説明します。

② 学習指導要領の構成の理解

　学習指導要領における「各教科」の目標や内容等は、「総則」に続いて規定されています。「総則」とは、全体に共通する総合的な規定のことを指します。

（1）総則と各教科の指導

　この中にも「各教科」の学習指導を行う際に踏まえなければならないことが定められていますが、とりわけ知的障害のある児童生徒の学習指導においても押さえておくべきポイントとして、個別の教育支援計画や個別の指導計画の作成が挙げられます。各教科の指導という点では、個別の指導計画のほうが関連性は高くなりますが、実際に作成する際には、「各教科等の指導に当たっては、個々の児童又は生徒の実態を的確に把握し（後略）」[1]との規定がある通り、実態把握が重要になります。さらに特別支援学校学習指導要領の総則では以下の２点が示されていますので（表４-２）、これらのことを念頭に置きながら個別の指導計画を作成し、学習指導を進めていく必要があります。

　「学習の進度等」と関わって、特別支援学校学習指導要領解説総則編には「例えば、各教科において作成する個別の指導計画は、児童生徒一人ひとりの各教科の習得状況や既習事項を確認するための実態把握が必要である。」[2]と述べられています。各教科に示されている目標や内容は、後に説明する資質・能力の３つの柱で整理されていますので、児童生徒の中で「生きて働く知識・技能としてどの程度習得できているか」や「未知の状況にも対応できる思考力・判断力・表現力等がどの程度育成されているか」、「学びを人生や社会に生かそうとする学びに向かう力や人間性等がどの程度涵養されている

表４-２　特別支援学校小学部・中学部学習指導要領

第１章総則　第３節
3. 教育課程の編成における共通事項
（3）指導計画の作成等に当たっての配慮事項の「イ」
（ア）　児童又は生徒の障害の状態や特性及び心身の発達の段階等並びに<u>学習の進度等</u>を考慮して、基礎的・基本的な事項に重点を置くこと。
（イ）　児童又は生徒が、<u>基礎的・基本的な知識及び技能の習得も含め、学習内容を確実に身に付けることができるよう</u>、それぞれの児童又は生徒に作成した個別の指導計画や学校の実態に応じて、指導方法や指導体制の工夫改善に努めること。その際、児童又は生徒の障害の状態や特性及び心身の発達の段階等並びに<u>学習の進度等</u>を考慮して、個別指導を重視するとともに、グループ別指導、繰り返し指導、学習内容の習熟の程度に応じた学習、児童又は生徒の興味・関心等に応じた課題学習、補充的な学習や発展的な学習などの学習活動を取り入れることや、教師間の協力による指導体制を確保することなど、指導方法や指導体制の工夫改善により、個に応じた指導の充実を図ること。（後略）

＊下線は筆者による。

か」について、学校はもとより家庭や地域での生活状況を踏まえて把握しておくことが重要です。

(2) 各教科における目標・内容等の示し方

　さて、学習指導要領では、各教科の全体の「目標」が示されたあとに小学校・中学校では基本的に「各学年の目標及び内容」が（小・中学校の外国語や中学校の理科、社会、技術・家庭は示し方が異なります）、特別支援学校（知的障害）では「各段階の目標及び内容」が示されます。特別支援学校（知的障害）において段階別に目標や内容が示されているのは「発達期における知的機能の障害が、同一学年であっても、個人差が大きく、学力や学習状況も異なるから」[3] です。また、段階を設けて示すことで「個々の児童生徒の実態等に即して、各教科の内容を精選して、効果的な指導ができるようにしている」[3] と解説されています。これらのことからも、学習指導要領の各教科に示された目標や内容の枠組みを児童生徒の学びの地図として実態把握に活用する工夫が必要になります。

　図4-1は、熊本大学教育学部附属特別支援学校で作成された「指導内容確認表」[4] の一部です。同校の研究の中で学習進度状況や学習内容の確認、アセスメント等に活用できることが示唆されています。

　続いて、学習指導要領上の各教科では「指導計画の作成と内容の取扱い」が示されています。指導計画の作成において配慮すべき事項としては、後述する各教科の特質に応じた「見方・考え方」を働かせる等の学習の充実を図ることが重要です。また、内容の取扱いについては、その教科に独自の内容をどのように取り上げて指導するかが具体的に示されています。これらのポイントを押さえておくことも必要です。

　なお、特別支援学校の学習指導要領では小・中・高等部ともに「指導計画の作成と各教科全体にわたる内容の取扱い」が示されています。これは全ての教科に共通して配慮すべき事項として集約されて示されています。具体的には、カリキュラム・マネジメントの視点から各教科等の内容間の関連を十分に図るよう配慮することや、生活に結びついた効果的な指導を行うこと、教材・教具や補助具の工夫、ICT等を有効に活用することなどが述べられて

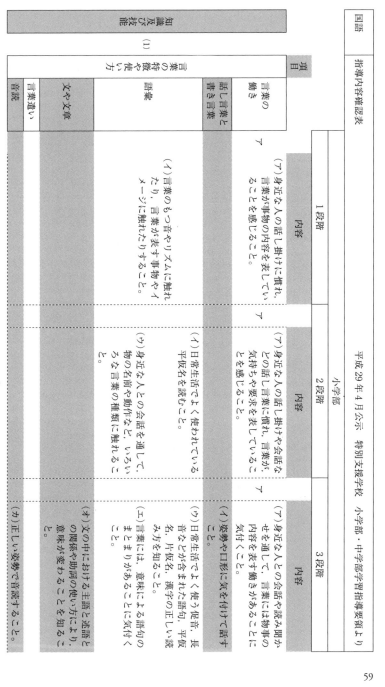

図 4-1　熊本大学教育学部附属特別支援学校「指導内容確認表（国語）」

いますので、各教科の指導においてもこれらを十分に検討していく必要があります。

③ 育成を目指す資質・能力の理解と指導

　各教科において示される目標は、小・中学校や特別支援学校においても同様に、育成を目指す資質・能力の３つの柱（「　」の部分）で整理して示されています。即ち以下の３点です。

　①生きて働く「知識・技能」
　②未知の状況にも対応できる「思考力・判断力・表現力等」
　③学びを人生や社会に生かそうとする「学びに向かう力・人間性等」

　上記の下線部の文言は、学習指導要領の改訂に係る中央教育審議会での審議の際に提示された資料からの引用です[5]。具体的にどのような力を身につけることが必要なのかを端的に表しています。これは、知的障害教育においても押さえておく必要があるといえます。ただし、各教科の指導を進めていくうえで、知的障害の状態等を踏まえた配慮や支援が必要であることはいうまでもありません。

　そのうえで指導を組み立てる際には、これらの３つの柱が三位一体のもの、いいかえれば相互に関連しているものと理解することが重要です。つまり、①生活や人生に生きて働く知識や技能が習得できるようにするとともに、②身につけた知識や技能を活用しながら多様な状況下においても対応できる思考力・判断力・表現力等を養い、③それらを通してさらに探究的に学んだことを現在や将来の家庭生活・学校生活・社会生活に生かしていこうとする学びに向かう力・人間性として一体的に身につけていくことが重要である、という理解です。なお各教科では、教科全体の目標に加えて各段階の目標が示されているので、全体と段階（教科によっては分野別や領域別の目標）の関係性を踏まえておく必要があります。

　各教科の指導においては、これらの理解のもとに、単元や題材などの内容や時間のまとまりを構成していくことが重要となります。また、三位一体的

な目標の設定ができた際には、学習した後にそれらが学習上や実生活上において、どのように発揮されるのかをイメージしながら、並行して評価規準を定めることが必要になります。指導が終わってから学習状況の評価について検討するのではなく、目標設定と並行して評価規準を検討することが指導と評価の一体化につながる重要なプロセスとなります。

④ 具体的な教科の指導の考え方

　これまでに各教科の指導を実施する際は、個々の児童生徒の習得状況や既習事項等を確認するための実態把握を行い、各教科の内容を精選しながら学習指導を進めることを説明してきました。もちろん各教科の学習指導は生活との関連を踏まえて、生活に必要な事柄を整理しながら組み立てることが必要なことは既述の通りです。

（1）「問い」のマネジメントとは
　一般的に各教科の指導では単元や題材の計画を作成する際、第１次計画、第２次計画等の学習内容を連続的に、あるいは発展的に意味のあるまとまりとして関連づけながら最終的な単元目標の達成を目指します。その際、単元全体の計画を通して解決していく主軸となる「問い」の設定と、第１次計画、第２次計画等の学習内容のまとまりにおいて解決する道標となる「問い」の構造化を図ることが、意味のある学習指導を形づくるうえでのポイントとなります。もっとも、これらの「問い」は児童生徒の中から湧き出したり、発せられたりするものを組み込んでいくことが重要となりますが、知的障害のある児童生徒の場合、体系的に「問い」を立てたり、整理したりしていくことは難しい状況が考えられますので、教師の側でていねいに「問い」のマネジメントを行っていく視点が必要となります。
　また、「問い」の解決に向かう過程で働かせるのが「見方・考え方」です。これについては、前掲の「幼稚園、小学校、中学校、高等学校及び特別支援学校の学習指導要領等の改善及び必要な方策等について（答申）」[5] の中で「"どのような視点で物事を捉え、どのような考え方で思考していくのか" と

いう、物事を捉える視点や考え方」であり、「各教科等の学習の中で働くだけではなく、大人になって生活していくに当たっても重要な働きをするもの」である、と説明されています。

　加えて、「『見方・考え方』には教科等ごとの特質があり、各教科等を学ぶ本質的な意義の中核をなすものとして、教科等の教育と社会をつなぐものである」との説明があるように、これまでに述べた「問い」との関連で、どのような場面でどのように「見方・考え方」を働かせるのかを構想することが、教科の学習指導においては重要なポイントとなります。

(2)　「問い」の構造化の具体例：中学部「理科」の実践より

　表4-3は、この点に関する具体的な説明のために、特別支援学校（知的障害）中学部の理科の内容である「光や音の性質」に関連する目標や内容を抜粋したものです。

　さて、理科の見方・考え方については、学習指導要領解説に「自然の事物・現象をどのような視点で捉えるかという『見方』については、～（中略）～『物質・エネルギー』を柱とした区分では、主として質的・実態的な視点で捉えたり、量的・関係的な視点で捉えたりすること」[3] や「どのような考え方で思考していくかという『考え方』については、生徒が問題解決の過程の中で用いる、比較、関係づけ、条件制御、多面的に考えることなどといった考え方を『考え方』として整理することができる」[6] と解説されています。

　このような「見方・考え方」を働かせて学習するための「問い」の構造として、表4-4のような例が考えられます。ここでは、音の性質について知的障害のある児童生徒が学ぶ例について述べます。

1）1次の問い：音はどうやったら鳴るの？

　知的障害のある児童生徒にとって、音は身の回りにある現象ですが、普段その性質について意識することは少ないと思われます。そこで楽器等を使って音の性質に迫ろうとする単元を構成します。単元を通した主軸となる「問い」は「『音』っていったい何だろう？」といったところでしょうか。

　その際、児童生徒の興味・関心を高めるためにこれまで触れたことのないような様々な珍しい楽器を用意して音を出す活動に取り組みます。その中で

表4-3　特別支援学校中学部の理科「ウ　光や音の性質」

〔理　科〕「ウ　光や音の性質」
1　目　標
　自然に親しみ、<u>理科の見方・考え方を働かせ</u>、見通しをもって、観察、実験を行うことなどを通して、自然の事物・現象についての問題を科学的に解決するために必要な資質・能力を次のとおり育成することを目指す。
⑴　自然の事物・現象についての基本的な理解を図り、観察、実験などに関する初歩的な技能を身に付けるようにする。
⑵　観察、実験などを行い、疑問をもつ力と予想や仮説を立てる力を養う。
⑶　自然を愛する心情を養うとともに、学んだことを主体的に日常生活や社会生活などに生かそうとする態度を養う。

2　各段階の目標及び内容
○1段階
⑴　目　標
C　物質・エネルギー
ア　物の性質、風やゴムの力の働き、光や音の性質、磁石の性質及び電気の回路について気付き、観察、実験などに関する初歩的な技能を身に付けるようにする。
イ　物の性質、風やゴムの力の働き、光や音の性質、磁石の性質及び電気の回路から、主に差異点や共通点に気付き、疑問をもつ力を養う。
ウ　物の性質、風やゴムの力の働き、光や音の性質、磁石の性質及び電気の回路について進んで調べ、学んだことを日常生活などに生かそうとする態度を養う。

⑵　内　容
C　物質・エネルギー
ウ　光や音の性質
　光や音の性質について、光を当てたときの明るさや暖かさ、音を出したときの震え方に着目して、光の強さや音の大きさを変えたときの違いを比較しながら調べる活動を通して、次の事項を身に付けることができるよう指導する。
㋐　次のことを理解するとともに、観察、実験などに関する初歩的な技能を身に付けること。
　㋐　日光は直進すること。
　㋑　物に日光を当てると、物の明るさや暖かさが変わること。
　㋒　物から音が出たり伝わったりするとき、物は震えていること。
㋑　光を当てたときの明るさや暖かさの様子、音を出したときの震え方の様子について調べる中で、差異点や共通点に気付き、光や音の性質についての疑問をもち、表現すること。

＊下線は筆者による。
出典：文献1）より一部抜粋。

必然的に児童生徒から出てくる「問い」は、「この楽器って、音はどうやったら鳴るの？」などでしょうか。この問いの解決に向けて試行錯誤したり、友達と一緒にあれこれと考えたり、伝え合ったりするでしょう。
　2）2次の問い：音が出ているときの物（楽器）の様子は？
　首尾よく音を鳴らすことができたら、音が出ているときに、その響きを耳

表4-4 「見方・考え方」を働かせる「問い」の構造

単元を通した主軸となる問い	学習内容のまとまりごとの問い	
「音」っていったい何だろう？	1次	音はどうやったら鳴るの？
	2次	音が出ているときの物（楽器）の様子は？
	3次	音の大きさを変えると物（楽器）の震え方はどのように変わるの？
	4次	音はどこにでも伝わるの？
	5次	音を遠くまで伝えるためにはどうしたらいいの？

出典：筆者作成。

で聴いてみたり、楽器の様子を目で見たり、手で触って確認したりするでしょう。このときの「問い」は、「音が出ているときの物（楽器）の様子は？」ということになるでしょうか。学習すべき内容との兼ね合いでは、音が鳴っているときは、楽器が震えているということに気づけるような支援が必要になります。

3) 3次の問い：音の大きさを変えると物（楽器）の震え方はどのように変わるの？

続いて、同じ楽器でも鳴らし方によっては大きく鳴ったり、小さく鳴ったり、長く鳴ったり、短く鳴ったりすることに気づくなど、友達と競うように同じ楽器で比べてみたり、違う楽器で比べてみたりして、条件を変えながら観察する学習活動に取り組みます。そのようななかで「音が鳴るときは楽器が震えている」という知識を活用しながら、「音の大きさを変えると物（楽器）の震え方はどのように変わるのか？」という問いの解決に向き合います。

楽器によっては震えているのか？　震えていないのか？　がわかりにくい場合がありますので、例えば、タブレット端末を用いて楽器の様子を動画で接写撮影することにより、楽器の表面の震え方の様子をとらえやすくします。この際、画面を拡大表示したり、スロー再生にしたりしてICT機器を効果的に活用しながら、視覚的にも震えがとらえやすい状況をつくって、大きな音のときの震えと小さな音のときの震えを2画面で並行して提示するなど、比較しながら感じ取ったり考えたりする児童生徒の活動を促します。

　震えがとらえやすい状況の工夫は、他にも考えられます。ある授業では発泡スチロール製の直径2〜3ミリ程度のビーズ玉数百個を無色透明なナイロン袋に入れて、それを大太鼓の表面に置いて、振動をより視覚的にとらえやすくする工夫なども行われました。これによって、大太鼓の表面の振動はビーズ玉の反応の違いという形で知的障害のある児童生徒にもより一層、とらえやすくなります。

　その際、自分が大太鼓を叩いていないのにビーズ玉が細かく震える現象を目にしたり、その様子に気づいたりします。児童生徒の反応は「どうして大太鼓を叩いていないのに、ビーズ玉が震えるの？」ということになりますが、この問いから、音が鳴るときは楽器だけでなく空気も振動させるということに気づきます。つまり、周囲で大太鼓を叩いていた友達の音に反応してビーズ玉が震えていることに気づくのです。このことを確認するために、少し離れたところで友達が叩いた大太鼓の音にビーズ玉が反応するかを観察する活動などを組み込みます。

4）4次の問い：音はどこにでも伝わるの？

　続いて、この知識を手がかりにしながら、空気以外にも水の中や物の中を含めて「音はどこにでも伝わるのだろうか？」という問いをもつことになります。この問いの解決に向けて、さらに新たな実験や観察に取り組むことになります。例えば、バケツの中に水を張ってその中に防水スピーカーを入れて音を出し、水面の様子を観察したり、音が実際に聞こえるかを感じ取ったりする活動です。夏場であれば防水スピーカーをプールに入れて音楽を流し、潜って音を聞いてみるといった活動ができるかもしれません。このようなアプローチで諸感覚を働かせながら音の性質に迫っていきます。

5）5次の問い：音を遠くまで伝えるためにはどうしたらいいの？

　最後にこれまでに得た知識等の資質・能力や見方・考え方を総合的に働かせながら、糸電話づくりを通して、「音を遠くまで伝えるためにはどうしたらいいの？」という問いの解決に挑みます。震え（振動）が遠くまで、鮮明に伝わるようにするためには、ピンと糸を張ることや、途中で障害物などに触れないようにすることなどに気をつけながら、取り組みます。

(3) まとめとして

　上述のように単元における問いの構造化を図る中で学習指導を行うことを通して、例えば、音を止めるためには楽器を手で触って震え（振動）を止めることに気づいたり、音は空気を振動させて伝わるので、窓やカーテンを閉めたりすることによって周囲には音が伝わりにくくなることを理解できます。そして、生活の中でもそれらの知識を応用して、周囲に迷惑を掛けないように防音に努めたりするなどの工夫に結びつけていくことができます。また、社会科と関連づけて工事現場の防音壁などの写真を提示しながら公害の一種である騒音の防止について考えたり、職業・家庭科の家庭分野と関連づけて快適で環境に配慮した生活について考えたりする教科等横断的な視点で資質・能力を育成したり、見方・考え方を使いこなすことが考えられます。

⑤ 個別の指導計画の作成と活用及び評価の留意点

　教科別の指導の際に実態把握をていねいに実施することは既述の通りですが、各教科の単元における指導では、学習集団全体に対して設定された単元目標に対して、個々の実態に応じてさらに具体的に目標を設定することも重要となります。また、児童生徒一人ひとりの理解や納得に至るプロセスもそれぞれに異なる状況が考えられることから、一人ひとりに応じた手立てを工夫することも必要となります。そのため個別の指導計画の中にそのことを示しておくことが重要となります。

(1) 観点別学習状況の評価の活用

　学習状況の評価については、観点別学習評価を中心にしながら、分析的・総合的な視点から評価を実施します。観点別学習評価の3観点は、育成を目指す資質・能力の3つの柱と対応させて、知識及び技能の評価は「知識・技能」の観点、思考力・判断力・表現力等の評価は「思考・判断・表現」の観点、学びに向かう力・人間性等の評価は「主体的に学習に取り組む態度」の3観点で評価を行うことになります。

　この際、特に留意しておきたいことは、「『学びに向かう力・人間性等』に

示された資質・能力には、感性や思いやりなど幅広いものが含まれるが、これらは観点別学習状況の評価になじむものではないことから、評価の観点としては学校教育法に示された『主体的に学習に取り組む態度』として設定し、感性や思いやり等については観点別学習状況の評価の対象外とする必要がある。」5)とされた点です。具体的な評価方法としては、個人のよい点や可能性、進歩の状況について評価する個人内評価を通じて見取る部分があることに留意する必要があります。

(2) 個人内評価を通じた学習状況の確認
1) 道徳科との関連

　1点目として、教科別の指導であっても学校教育全体を通じて行う道徳教育との関連性を整理しておく視点が必要であることを意味しています。教科別の指導の中でも「主として自分自身に関すること」「主として人との関わりに関すること」「主として集団や社会との関わりに関すること」「主として生命や自然、崇高なものとの関わりに関すること」の4つの視点で示されている道徳科の内容とどのように関連づけているのかという視点をもち、道徳性に係る児童生徒の成長の様子の評価を文章表記によりていねいに記述することが必要だということです。

　とりわけ知的障害教育においては、道徳科の時間を設定して指導を行うことは少ないのが実態ですので、この点について意識的、組織的に取り組む必要があります。もちろん、これらの評価の内容を個別の指導計画上の教科の欄に記載するか、道徳科の欄に記載するかなどについては、学校現場の工夫や裁量の枠内ですので、個別の指導計画が「キャリア・パスポート（学びのプロセスを記述し振り返ることができるポートフォリオ的な教材。第8章参照）」としての機能を有している場合には、そのあり方も考慮しておく必要があります。

2) 教科の指導と自立活動の指導の関連

　2点目は、各教科の指導と自立活動の指導との関連性を整理しておく視点も重要であることを意味しています。この点について、自立活動の指導は学校の教育活動全体を通じて適切に行うこととなっていますので、各教科等と

の密接な関連を保つことが必要となります。したがって、自立活動で立てた「学習上又は生活上の困難」を改善・克服するための目標と、当該教科において設定した「育成を目指す資質・能力」の3つの柱として設定した目標との関連性を整理しながら、自立活動の評価が観点別評価によらず、目標と正対した評価を実施することを踏まえて、ていねいに学習状況を記述していくことが必要になります。

⑥ 知的障害教育における主たる教材としての教科書の活用

全国特別支援学級・通級指導教室設置学校長協会（調査当時は全国特別支援学級設置学校長協会）が平成26年に実施した知的障害特別支援学級での教科書（国語、算数・数学、音楽のみ）の選択状況に関する調査[6]から以下の実態がうかがえます。

まず、小学校で約94％、中学校で約75％の割合で検定教科書が選択されています。これらの教科書にあわせて指導書がありますので、指導書を参考にしながら知的障害のある児童生徒の実態等を踏まえてアレンジを加えて指導していることが推察されます。

一方で、検定教科書を選択したものの実際には活用されていないケース（5段階尺度で「あまり活用されてない」や「ほとんど活用されてない」と回答したケース）が小学校では約7.5％、中学校では約15％となっていました。その理由としては、小学校・中学校ともに「①個々の実態に合っていない、②年間通して使用できない、③グループ指導では統一して使用できない」の順に多くなっています。

検定教科書以外では、特別支援学校小学部・中学部知的障害者用に作成された文部科学省著作教科書（以下、星本）を選択している割合が小学校で約3％、中学校で約11％、一般図書を選択している割合が小学校で約3％、中学校で約14％の割合となっています。

星本は、基本的に特別支援学校（知的障害）の児童生徒用に作成されており、2022（令和4）年度現在、小学部では国語、算数、音楽、中学部では国語、数学、音楽の各3教科で作成されています。学校教育法第82条の規定

に基づき、特別支援学校においても同法第34条に規定されている「小学校においては、文部科学大臣の検定を経た教科用図書又は文部科学省が著作の名義を有する教科用図書を使用しなければならない。」を準用することが定められていますので、基本的には特別支援学校においても使用義務があります。

　新しい時代の特別支援教育の在り方に関する有識者会議（2021）では、すべての教科で星本を作成することが提言されていますので、今後、これらの教科書も使用できるようになると考えられます[7]。また、教科書には合わせて教科書解説が作成されていますので、各題材で取り扱う学習指導要領の主な内容や題材のコンセプト、学習指導例、指導上の留意点を参考にしながら指導を組み立てることができます。特に知的障害の特性や児童生徒の発達段階を考慮した解説も含んでいることから、児童生徒の実態を踏まえた学習指導を組み立てる際には参考となりますので活用することが望まれます。

⑦　諸計画の修正と改善

　教科別の指導の成果と課題は、児童生徒一人ひとりの指導や評価に活用されてこそ意義のあるものになります。その意味では、教科別の指導の実施後に個別の指導計画等を更新するために必要な情報を整理し、実際にそれらを更新したりして、確実に成果と課題を反映することが必要になります。その点に関連して、教育課程の実施と学習評価については、特別支援学校の学習指導要領総則において「各教科等の指導に当たっては、個別の指導計画に基づいて行われた学習状況や結果を適切に評価し、指導目標や指導内容、指導方法の改善に努め、より効果的な指導ができるようにすること。」[1] [8]と示されています。この規定は、小学校・中学校の知的障害特別支援学級においても、個別の教育支援計画や個別の指導計画の作成と活用が必須となったので特に重要な視点です。

　また、各学校では毎時間の学習指導案以外にも単元計画や年間指導計画等を、中・長期的に作成していることが一般的です。上述の部分の特別支援学校の学習指導要領解説には「学校としてすでに十分な実践経験が蓄積され、

毎年実施する価値のある単元計画が存在する場合でも、改めて目の前の児童生徒の個別の指導計画の実施状況の評価を踏まえ、学習集団を構成する児童生徒一人ひとりが達成した指導目標や指導内容等を集約し、学習集団に対して作成される年間指導計画等の単元や題材など内容や時間のまとまりなどについて検討する仕組みを工夫することが大切になってくる。」[2]との解説がなされています。

つまり、児童生徒個々に対して評価の結果を説明したり計画改善に活用していくことはもとより、教育課程を改善するところにまで視点を向けて組織的に取り組むことが必要である、という理解が必要です。もっとも、特別支援学校の場合、教職員集団も一定程度の規模となることが多いのですが、特別支援学級の場合は一人から数名という場合も多くみられます。そこでの仕組みづくりとなると、なかなか困難かもしれません。それでも「いつ」修正するのかというスケジュールを調整すること、「どこで」修正するのかという検討の場を位置づけること、そして「誰が」「誰と」修正するのかという体制や分担を検討して決めること、「何を」修正するのかという検討の柱や視点を定めること、「どのように」修正するのかというルールを共有すること等を念頭に置いて、可能なところから段階的に仕組みを作り上げることが重要です。

このようなプロセスの循環を経て、最終的には学校教育目標の実現や児童生徒一人ひとりに落とし込まれた資質・能力の育成及び各種の目標の達成に向けたカリキュラム・マネジメントの視点を踏まえた指導を展開することが求められます。

引用・参考文献 ─────────────────────────────

1）文部科学省（2018）『特別支援学校幼稚部教育要領　小学部・中学部学習指導要領（平成29年4月告示）』海文堂出版。

2）文部科学省（2018）『特別支援学校学習指導要領解説　総則編（幼稚部・小学部・中学部）（平成30年3月）』開隆堂出版。

3）文部科学省（2018）『特別支援学校学習指導要領解説　各教科等編（小学部・中学部）（平成30年3月）』開隆堂出版。

4）熊本大学教育学部附属特別支援学校（2019）「指導内容確認表（国語）」https://www.educ.kumamoto-u.ac.jp/~futoku/ict.html

5）中央教育審議会（2016）「幼稚園、小学校、中学校、高等学校及び特別支援学校の学習指導要領等の改善及び必要な方策等について（答申）（中教審第 197 号）」https://www.mext.go.jp/b_menu/shingi/chukyo/chukyo0/toushin/1380731.htm

6）全国特別支援学級設置学校長協会調査部（2014）「平成 26 年度全国調査報告書」http://zentokukyo.xsrv.jp/page_20201204141939/page_20201205120039

7）新しい時代の特別支援教育の在り方に関する有識者会議（2021）「新しい時代の特別支援教育の在り方に関する有識者会議　報告」https://www.mext.go.jp/b_menu/shingi/chousa/shotou/154/mext_00644.html

8）文部科学省（2019）『特別支援学校高等部学習指導要領（平成 31 年 2 月告示）』海文堂出版。

＊上記 URL はすべて 2022 年 5 月 10 日最終閲覧。

（武富博文）

第5章

教科以外の指導と指導の工夫

　第4章では教育課程上の各教科の指導について説明しましたが、本章では教科以外、具体的には、「特別の教科　道徳（小学校、中学校、特別支援学校小学部・中学部・高等部）」「外国語活動（小学校、特別支援学校小学部）」「特別活動（小学校、中学校、特別支援学校小学部・中学部・高等部）」「総合的な学習の時間（小学校、中学校、特別支援学校中学部）／総合的な探究の時間（特別支援学校高等部）」の指導について説明します（「自立活動」については本書第6章で説明）。

　学校教育法施行規則上は、「特別支援学校の小学部、中学部又は高等部においては、知的障害者である児童若しくは生徒又は複数の種類の障害を併せ有する児童若しくは生徒を教育する場合において特に必要があるときは、各教科、特別の教科である道徳、外国語活動、特別活動及び自立活動の全部又は一部について、合わせて授業を行うことができる」と規定されています。なお、総合的な学習の時間や総合的な探究の時間は、合わせて授業を行うことができませんので、時間割上に時間を設けて指導することになります。

　一方で、「特別の教科　道徳」や「外国語活動」「特別活動」「自立活動」の指導は、知的障害教育分野において、"合わせて"授業を行う場合が多くなっています。その際の留意点についても押さえておきましょう。

① 「特別の教科　道徳」の指導と指導の工夫

　第4章でも述べたように、特に必要があるときは、各教科、特別の教科である「道徳」「外国語活動」「特別活動及び自立活動の全部又は一部」につい

て、合わせて授業を行うことができるために、「特別の教科　道徳」は、時間割上に授業時間を設けて指導する割合が低い状況にあります。

(1) 指導の現状

　全国特別支援学校長会が調査を実施した2019（令和元）年度の結果[1]によると、小学部で14.8％、中学部で15.4％、高等部で12.9％の特別支援学校（知的障害）が道徳科の時間を設定して、指導を実施していると回答しています。したがって、残りの80％以上の学校は、教育活動全体を通じて道徳教育を実施しているとの認識をもっていたり、各教科等を"合わせた指導"の中で実施しているとの認識をもっていたりすることになります。あえて「認識をもっている」と表記したのは、実際のところ、時間を設定して指導を実施しない場合、道徳科の目標や内容について明確に認識しながら指導を行うことが疎かになってしまう危惧を含んでいるからです。

(2) 教育課程編成上の留意点

　このような問題が生じないようにするためには、学校の教育計画の中に道徳教育についての全体計画を位置づけたり、年間指導計画を作成したりすることが必要になります。また、各教科等を"合わせた指導"の中に含めている場合には、単元計画等のより具体的な計画の中に道徳科の目標や内容の4つの視点である「A 主として自分自身に関すること」「B 主として人との関わりに関すること」「C 主として集団や社会との関わりに関すること」「D 主として生命や自然、崇高なものとの関わりに関すること」との関連やその分類の下に位置づけられた内容項目（例えば、「正直、誠実」「親切、思いやり」等）との関連を明示することで、意識的に指導に取り組まなければなりません。

　実際の指導の際は、これらの内容項目を念頭に置きながら、児童生徒一人ひとりの道徳的判断力や道徳的心情、道徳的実践意欲、道徳的態度がどのような状態にあるかを的確に実態把握し、個別の指導計画とも関連づけながら個々の目標や具体的な活動と手立てを検討することが重要です。

　特に知的障害のある児童生徒に対しては、「知的障害の状態、生活年齢、

表5-1　小学部4年　道徳科　学習指導案（例）

1　主題名「はじめての宿泊学習」
内容項目 A：節度、節制、B：親切・思いやり、C：規則の尊重、D：自然愛護
2　ねらい
　校外宿泊学習を通して、節度のある行動の大切さや身近な仲間・動食物との温かい関わりに関心をもち、進んできまりを守りながらよりよい集団生活を過ごそうとする心情を育てる。
3　主題設定の理由
　小学部になってはじめての校外宿泊学習を1学期末に実施する。公共交通機関をはじめ、様々な公共施設を利用するが、仲間とともに思い出に残る充実した宿泊体験を実施したい。そのためには、友達のことを思いやったり、友達や周囲の人に心配や迷惑を掛けないような行動をとったりするなど、節度ある行動を心がける必要がある。
　このことを実現するためには、宿泊学習の具体的なスケジュールに照らし合わせながら、様々な問題場面を想定し、児童が考えたり意見を交わしたりすることで、よりよい判断や行動のあり方を友達とともに模索する道徳科の授業が必要である。
　なお、児童の実態を踏まえると、実際的な問題場面を想起できる学習環境（イメージ映像、寸劇等）を設定することで、問題に気づき、道徳的な判断力を働かせながら望ましい道徳的行為につなげることができると考えた。
4　授業展開（3時間中の2時間目）

	学習活動	主な発問と学習内容	指導の手立て
導入	宿泊体験学習のテーマソングを歌う。テーマソングに合わせて予定しているスケジュール（行程・活動場所等）をスライドで確認する。	○どんな場所に行くのかな？どんな活動をするのかな？宿泊学習のスケジュールを知る。	スケジュールや活動名が次々に出てくる替え歌を作り、イメージ画像とともに提示する。
展開①	動画を視聴することで、移動の際に使用する路面電車でのモデル児童の乗降中の様子や車内での様子を観察する。	○誰がどんな様子で乗っているかな？悪いマナーと良いマナーについて考える。誰が困っているかやなぜ困っているのかについて考える。	事前に撮影した動画を電子黒板上で放映し、注目すべきポイントで一時停止する。悪いマナーだけでなく、良いマナーを示すモデルの動画を作成する。
展開②	イラストで描かれたアニマルパークでの児童の活動の様子を、「見学シーン」と「ふれ合いシーン」の2つの場面に分けて、細かな描写の様子を観察する。	○誰がどんな様子で参加しているかな？○動物は喜んでいるかな？喜んでいる動物の様子や困っている動物の様子に気づき、どうしてそうなったのかを考える。	アニマルパークでの動物とのふれ合いで予想される動物の反応を予めイラストに描き、望ましい行動について考えやすいようにする。相互に意見が交流できるよう、すべての児童から考えや気づいたことを引き出す。
まとめ	学んだことや考えたことを振り返って、発表する。	○どのように宿泊学習に参加したいかな？どのようなことに期待や見通しをもって参加したいかを発表する。	発表している様子を一人ずつタブレットで動画撮影し、必要な時に振り返られるようにする。

出典：筆者作成。

学習状況及び経験等に応じて、適切に指導の重点を定め、指導内容を具体化し、体験的な活動を取り入れるなどの工夫を行う」こと[2) 3)]が求められていますので、実生活と関連づけた必然性のある文脈をつくって、児童生徒が試行錯誤や悪戦苦闘を繰り返しながらも、道徳的に価値のある豊かな体験を積み重ねていくことが必要になります。

(3) 指導の実際

表5-1に道徳の授業の学習指導案（例）を挙げました。実際に学校行事として実施する校外宿泊学習と関連づけて、取り扱う内容項目を焦点化しつつ、具体的な状況をイメージしながら学習できるように手立て等が工夫されています。机上だけで学ぶ形に終始することなく、寸劇や動作化を取り入れるなど実際の場面で生かされるような工夫を試みることも重要です。また、実際の校外宿泊学習でも適宜、学んだことを振り返ったり生かしたりしながら道徳的判断力等を喚起していくことが、学校の教育活動全体を通した道徳教育であるといえます。

(4) 評価

道徳科の評価は、各教科の評価のように観点別評価や数値による評価、他者との比較による相対的評価を行うのではなく、「児童生徒がいかに成長したかを積極的に受け止めて認め、励ます個人内評価として記述式で行うこと」[4)]が重要になります。必ずしも「親切・思いやり」等の内容項目ごとに評価するのではなく、大きなくくりやまとまりで「どのように社会・世界と関わり、よりよい人生を送るか」という視点と関わる道徳性の成長の様子全体を評価することになります。

② 「外国語活動」の指導と指導の工夫

2017（平成29）年の学習指導要領の改訂により、外国語活動の時間は、小学校では3・4年生で学ぶこととなっています。また、特別支援学校（知的障害）では、小学部において「必要がある場合には、外国語活動を加えて教

育課程を編成することができる」という規定が学校教育法施行規則に加えられました。

(1) 指導の現状

それ以前には教育課程を編成する際、外国語活動は対象に入っていませんでしたが、「小学校における外国語教育の充実を踏まえ、小学部において、実態等を考慮の上、外国語に親しんだり、外国の言語や文化について体験的に理解や関心を深めたりするため、教育課程に外国語活動の内容を加えることができるようにすることが適当である」[5] との中央教育審議会答申（2016）を踏まえ、小学校等との学びの連続性を考慮して加わりました。もちろん、学びはじめる学年は小学部の3年生以降となりますが、同時に国語科の第3段階を学習している児童を想定していることに留意が必要です。この点に関する規定は、外国語活動の「指導計画の作成と内容の取扱い」に「外国語活動の指導を行う場合は、第3学年以降の児童を対象とし、国語科の3段階の目標及び内容との関連を図ること」[6] と示されている点から理解できます。

なお、外国語活動については、前述のとおり、他教科等と合わせた授業を行うことができることとなっていますので、外国語活動そのものの指導が必要であるか否かの適切な判断と、合わせた授業を行うことが必要であるか否かの適切な判断の下に、指導を組み立てることが必要になります。また、取り扱う外国語は原則として「英語」となります。

特別支援学校（知的障害）小学部において外国語活動の時間を設けて指導している学校の割合は極めて低いものと考えられます。2018（平成30）年度に国立特別支援教育総合研究所が調査を行った結果によると、回答のあった165校（小学部3年生対象）、169校（小学部6年生対象）中、どちらも154校が外国語活動の年間授業時数は「0時間」と回答しています。また、時間を設けて指導している場合でも、年間授業時数の中央値はそれぞれ15時間と19時間になっています[7]。

(2) 教育課程編成上の留意点

ところで、外国語活動で設定されている目標について、小学校と特別支援

学校（知的障害）小学部を比べてみると、違いがあることに気づきます（表5−2）。

　まず、外国語によるコミュニケーションにおける見方・考え方を働かせることは共通しているのですが、その次の「どのような学習活動」を通して資質・能力を育成するのかという部分に違いがみられます。すなわち、小学校が「外国語による聞くこと、話すことの言語活動」であることに対して、特別支援学校（知的障害）小学部では「外国語や外国の文化に触れること」となっています。この点は、知的障害のある児童の障害の状態によっては聞くことや話すことの言語活動そのものに困難な場合があることが想定されているからです。具体的な対応としては、音声によらない言語活動を工夫することなどが考えられます。例えば、英語のネイティブ・スピーカーとの身体活動等を通したやりとりのなかで、表情や身振り・手振り等のジェスチャーを活用しながらコミュニケーションを図ることなど、児童の実態を踏まえながら指導を組み立てる工夫が考えられます。

表5−2　外国語活動の目標の違い

小学校 「外国語活動」目標	特別支援学校（知的障害）小学部 「外国語活動」目標
外国語によるコミュニケーションにおける見方・考え方を働かせ、<u>外国語による聞くこと、話すことの言語活動</u>を通して、コミュニケーションを図る素地となる資質・能力を次のとおり育成することを目指す。	外国語によるコミュニケーションにおける見方・考え方を働かせ、<u>外国語や外国の文化に触れること</u>を通して、コミュニケーションを図る素地となる資質・能力を次のとおり育成することを目指す。
(1)　外国語を通して、言語や文化について体験的に理解を深め、日本語と外国語との音声の違い等に気付くとともに、外国語の音声や基本的な表現に慣れ親しむようにする。	(1)　<u>外国語を用いた体験的な活動</u>を通して、日本語と外国語の音声の違いなどに気付き、外国語の音声に慣れ親しむようにする。
(2)　身近で簡単な事柄について、外国語で聞いたり話したりして自分の考えや気持ちなどを伝え合う力の素地を養う。	(2)　身近で簡単な事柄について、<u>外国語に触れ、自分の気持ちを伝え合う力の素地</u>を養う。
(3)　外国語を通して、言語やその背景にある文化に対する理解を深め、相手に配慮しながら、主体的に外国語を用いてコミュニケーションを図ろうとする態度を養う。	(3)　外国語を通して、<u>外国の文化などに触れながら、言語への関心を高め、進んでコミュニケーションを図ろうとする態度</u>を養う。

出典：筆者作成。

（3）育成を目指す資質・能力の違い

次に資質・能力の3つの柱について特に特別支援学校（知的障害）小学部でみてみると、知識及び技能の側面では、「外国語を用いた体験的な活動」が重視されていること、思考力・判断力・表現力等の柱では「外国語に触れる」という表現で学習経験が示されていること、学びに向かう力・人間性等の柱では「外国の文化などに触れながら、言語への関心を高め」ることに言及されており、注意が必要です。また、小学校では、英語の目標として【聞くこと】【話すこと［やり取り］】【話すこと［発表］】の3つの領域別に目標が設定されていますが、特別支援学校（知的障害）小学部では、「言語活動や行動などを指標とした目標を一律に設定することは知的障害のある児童の実態や学習の特性にそぐわないため」に領域別の目標としては設定されていないことも押さえておく必要があります。

なお、外国語活動の最終的な目標は、「コミュニケーションを図る素地となる資質・能力」を育成することに違いはありません。

（4）指導の実際

実際的な指導の場面では、小学校等の外国語教育の充実に伴って特別支援学校（知的障害）にもネイティブ・スピーカーであるALT（Assistant Language Teacher: 外国語指導助手）が配置されるなどして、一緒に簡単な自己紹介や遊び、ゲームを楽しみながらコミュニケーションを図る学習も増えているようです。また、外国を紹介する動画や写真等の映像資料を活用して、日常の生活や余暇・娯楽、文化的な行事等の違いについて知る学習なども組み立てられています。

表5-3に外国語活動の授業の学習指導案（例）を掲載しました。知的障害のある児童の場合、好きな歌やゲーム、ダンス等、興味や関心のある活動を通して外国語の音声にふれるとともに、身近に存在する外国語との関わりを通して外国語そのものや外国の文化について体験的に理解できるよう指導することが必要になります。

表 5-3　外国語活動の授業の学習指導案（例）

	学習活動	指導上の配慮
導入	「Hello，How Are You ？」を歌う	・最初に教師が見本を示し、ゆっくりと歌う。 ・児童が意識できるように名前の部分は自分を指して強調する。 ・音源を再生しながら全員で一緒に歌う。 ・名前の部分は各自の名前にかえて歌う。
展開①	「Head，shoulders，knees and toes」を歌う	・最初に教師が身体の各部位を示しながら、ゆっくりと歌う。 ・児童から身体の各部位の言い方を引き出す。 ・全員でジェスチャーをつけながら歌う。 ・特定の部位は英語で言わないで、ジェスチャーのみで示しながら歌う。
展開②	「Do you like fruit？」（果物の名前と色の名称）のチャンツ動画を視聴するチャンツ動画に合わせて自分の好きな果物を英語で答える	・全員で視聴できるよう大型テレビで動画を再生する。 ・動画のセリフに合わせて必要な部分は日本語で質問したり解説したりする。
展開③	果物カードでカルタ取りゲームを行う取ったカードの枚数を英語で数える	・最初に果物カードを使って、果物の名称と色の名称を再確認する。 ・ゲームのルールは日本語で説明をしながら、ゲームの進め方のモデルを示す。 ・児童が取ったカードの枚数を各自で数え、確認のために全員で一緒に数える。
まとめ	学習を振り返って感想を述べたり、興味深かった活動等を述べたりする	・嬉しい、楽しい、悲しい等の感情をイラストと英単語で示したカードを予め提示する。 ・発表や表現することが難しい場合は、教師や友達にヒントを得ながら一緒に発表する。

出典：筆者作成。

（5）評価

　外国語活動の評価は、各教科の評価と同様に資質・能力が確実に育成されているかについて観点を通してみて取る、観点別学習評価を行うことになります。観点は、「知識・技能」「思考・判断・表現」「主体的に学習に取り組む態度」の 3 つです。特別支援学校（知的障害）小学部の場合、「知識・技能」の観点の趣旨として、外国語を用いた体験的な活動を通して、日本語と外国語の音声の違いなどに気づいているかや、外国語の音声に慣れ親しんでいるかをみて取るという趣旨が挙げられます。これは外国語活動の「知識及

び技能」の柱に示された目標と対応する形で趣旨が設定されていますので、
「思考・判断・表現」や「主体的に学習に取り組む態度」の観点の趣旨も、
それぞれ「思考力・判断力・表現力等」の柱や「学びに向かう力・人間性
等」の柱と対応していると理解することが必要です。これらの趣旨を踏まえ
ながら、児童一人ひとりの学習状況を行動観察やパフォーマンス課題等を通
じてていねいにみていくことで、指導と評価を一体化させていくことが必要
です。

③ 「特別活動」の指導と指導の工夫

　「特別活動」の目標や各活動・学校行事の目標及び内容は、小学校と特別
支援学校小学部、中学校と特別支援学校中学部、高等学校と特別支援学校高
等部では、基本的に同じです。

(1) 指導の現状
　さて、特別活動には、表5-4に示すような様々な活動や学校行事が内容
として含まれています。小・中・高等学校では学級活動やホームルームの標
準授業時数が年間35時間と定められていますので、1週間の時間割上に1
コマの学級活動やホームルームが設定されているイメージとなります。また、
児童会活動や生徒会活動、学校行事等については、内容に応じて、年間や学
期ごと、月ごと等に適切な時間を充てることになっています。これは特別支
援学校（知的障害）でも同じです。なお、特別支援学校（知的障害）では、
教育課程の取扱いとして、"合わせた授業"を行うことができますので、学
校行事は別としても、それ以外の活動については、"合わせた授業"を実施
している状況が多いと推察されます。とりわけ小学部において、学級活動や
クラブ活動（主に高学年）の時間を設けて指導する割合は低いことから、日
常生活の指導や生活単元学習等として実施される状況が多くみられます。

(2) 教育課程編成上の留意点
　特別支援学校では、指導計画の作成と内容の取扱いについても基本的に小

表 5-4 学校・学部ごとの特別活動における各活動・学校行事の内容

小学校・特別支援学校小学部	中学校・特別支援学校中学部	高等学校・特別支援学校高等部
学級活動 (1) 学級や学校における生活づくりへの参画 (2) 日常生活や学習への適応と自己の成長及び健康安全 (3) 一人一人のキャリア形成と自己実現	学級活動 (1) 学級や学校における生活づくりへの参画 (2) 日常生活や学習への適応と自己の成長及び健康安全 (3) 一人一人のキャリア形成と自己実現	ホームルーム活動 (1) ホームルームや学校における生活づくりへの参画 (2) 日常生活や学習への適応と自己の成長及び健康安全 (3) 一人一人のキャリア形成と自己実現
児童会活動 (1) 児童会の組織づくりと児童会活動の計画や運営 (2) 異年齢集団による交流 (3) 学校行事への協力	生徒会活動 (1) 生徒会の組織づくりと生徒会活動の計画や運営 (2) 学校行事への協力 (3) ボランティア活動などの社会参画	生徒会活動 (1) 生徒会の組織づくりと生徒会活動の計画や運営 (2) 学校行事への協力 (3) ボランティア活動などの社会参画
クラブ活動 (1) クラブの組織づくりとクラブ活動の計画や運営 (2) クラブを楽しむ活動 (3) クラブの成果の発表	—	—
学校行事 (1) 儀式的行事 (2) 文化的行事 (3) 健康安全・体育的行事 (4) 遠足・集団宿泊的行事 (5) 勤労生産・奉仕的行事	学校行事 (1) 儀式的行事 (2) 文化的行事 (3) 健康安全・体育的行事 (4) 旅行・集団宿泊的行事 (5) 勤労生産・奉仕的行事	学校行事 (1) 儀式的行事 (2) 文化的行事 (3) 健康安全・体育的行事 (4) 旅行・集団宿泊的行事 (5) 勤労生産・奉仕的行事

出典：筆者作成。

学校・中学校・高等学校と同様です。ただし、次の３点が学習指導要領上に示されています。①学級活動において、少人数からくる種々の制約を解消して活発な集団活動が行われるようにすること、②交流及び共同学習を行ったり、地域の人々などと活動を共にしたりする機会を設けること、③個々の児童又は生徒の知的障害の状態、生活年齢、学習状況及び経験等に応じて、適切に指導の重点を定め、具体的に指導する必要があること、です。

　特に③の視点は、知的障害のある児童生徒の指導において留意すべき点ですので、実態把握を元に指導を組み立てることが重要になります。表5-4に示された内容について、児童生徒一人ひとりの実態等を十分に吟味しながら適切に指導を行っていくことが必要です。

(3) 指導の実際

　特徴的な取組みとして、主権者教育を重視した取組み等も行われています。例えば生徒会活動では、高等部で生徒会の役員を決める際に学校が所在する地域の選挙管理委員会との連携のもと、立会演説会を実施して、議員選挙で使用される本物の投票箱や記載台を使用しながら投票を行う学習等も実施されています。また、全校集会等の行事の運営や挨拶運動、各種の委員会からの児童生徒への呼びかけ等、学校生活の充実に向けて様々な学校生活上の課題の解決に向き合う取組みを進めています。

　学校行事については、特別支援学校（小・中・高等部）においても、入学式や卒業式等の儀式的行事、文化祭や学習発表会等の文化的行事、体育祭・球技大会等の健康安全・体育的行事、遠足や宿泊学習、修学旅行といった旅行（遠足）・集団宿泊的行事、地域清掃や美化活動、ボランティア等の勤労生産・奉仕的行事に小学校・中学校・高等学校と同様に取り組まれています。特に文化祭や体育祭等は知的障害のある児童生徒が一定の見通しをもちながら取り組めるように、日常での各教科等の学習と関連づけながら進めていくことが重視されています。

　特別活動は、学校教育全体を通して行うキャリア教育の要としての機能も重視されていますので、児童生徒が学ぶことと自己の将来とのつながりを見通したり、自己のあり方や生き方を考えたりして主体的に進路を選択する力を育んでいく視点も大切にされています。

(4) 評価

　特別活動の評価は、各活動・学校行事について具体的な評価の観点を設定して、それに基づいて評価を行うこととなります。その際、学校や学級における集団活動や生活を対象として児童生徒一人ひとりのよさや可能性を認めることが重要であるとともに、「集団活動や自らの実践のよさを知り、自信を深め、課題を見いだし、それらを自らの実践の向上に生かすなど」[8]児童生徒の学習意欲の向上につながる評価とする視点も重要です。

　学習評価の工夫のあり方として、児童生徒自身が評価を行う自己評価や、学習集団の成員相互が実施する相互評価を取り入れることも考えられます。

どちらも児童生徒の学習活動として実施する学習評価ではありますが、自己の活動を振り返ったり、新たな目標や課題がもてるようになったりして学習の結果のみならず活動の過程を大切にした取組みを実施することが期待できます。なお、特別支援学校（知的障害）においては、指導要録上、特別活動の記録について、文章で端的に記述することとなります。

④ 「総合的な学習の時間　総合的な探究の時間」の指導と指導の工夫

　教育課程上、小学校には総合的な学習の時間が設定されていますが、特別支援学校（知的障害）小学部の教育課程には設定されていません。この点については、①全学年を対象とした総合的な教科である「生活科」が設定されていること、②各教科等を"合わせた指導"が行われていることなどの理由から、総合的な学習の時間と同様の趣旨の指導を行うことが可能であるため、と説明されていました[9]。今後、特別支援学校の知的障害教育分野では、小学校・中学校・高等学校との間で、教育課程が円滑に接続するよう一本化の可能性を検討することが課題として掲げられていますので、教育課程での位置づけが今後どうなるか、注目が必要といえます。

(1) 指導の現状と教育課程編成上の留意点
　さて、特別支援学校の中学部と高等部では、それぞれ中学校と高等学校の目標・内容等に準じることとなっています（表5-5）。
　ここで示す目標は「第1の目標」と呼ばれています。また、小学校と中学校の第1の目標は同一となっています。加えて、指導計画の作成と内容の取扱いに関する配慮事項として、特別支援学校では次の3点が示されています。
　①生徒の障害の状態や発達の段階等を考慮して、学習活動を効果的に行うこと、②体験活動にあたっては、安全と健康に留意し、交流及び共同学習を行うよう配慮すること、③知的障害の生徒の学習上の特性を踏まえて各教科等の学習で培った資質・能力を総合的に関連づけて、生徒が自らの課題を解決できるよう配慮すること、です。

表5-5　学校・学部ごとの総合的な学習（探究）の時間の目標

小学校・中学校・特別支援学校中学部	高等学校・特別支援学校高等部
第1　目標 　探究的な見方・考え方を働かせ、横断的・総合的な学習を行うことを通して、よりよく課題を解決し、自己の生き方を考えていくための資質・能力を次のとおり育成することを目指す。 (1)　探究的な学習の過程において、課題の解決に必要な知識及び技能を身に付け、課題に関わる概念を形成し、探究的な学習のよさを理解するようにする。 (2)　実社会や実生活の中から問いを見いだし、自分で課題を立て、情報を集め、整理・分析して、まとめ・表現することができるようにする。 (3)　探究的な学習に主体的・協働的に取り組むとともに、互いのよさを生かしながら、積極的に社会に参画しようとする態度を養う。	第1　目標 　探究の見方・考え方を働かせ、横断的・総合的な学習を行うことを通して、自己の在り方生き方を考えながら、よりよく課題を発見し解決していくための資質・能力を次のとおり育成することを目指す。 (1)　探究の過程において、課題の発見と解決に必要な知識及び技能を身に付け、課題に関わる概念を形成し、探究の意義や価値を理解するようにする。 (2)　実社会や実生活と自己との関わりから問いを見いだし、自分で課題を立て、情報を集め、整理・分析して、まとめ・表現することができるようにする。 (3)　探究に主体的・協働的に取り組むとともに、互いのよさを生かしながら、新たな価値を創造し、よりよい社会を実現しようとする態度を養う。

出典：筆者作成。

　特に③の視点は、カリキュラム・マネジメントの視点として重要ですので、各教科等においてどのような資質・能力を身につけているのかを実態把握し、実社会や実生活に生きる問いの発見や教育的に価値のある課題の解決に向き合う学習活動を組み立てることが重要です。その過程で、自己のあり方や生き方を考えていくことが大切にされていることからも、キャリア発達を促す視点も合わせて大切にする必要があるといえるでしょう。

(2) 指導の実際

　実際の指導にあたって重要なのは、表5-5に示した第1の目標とともに各学校における教育目標を踏まえて、各学校で独自の総合的な学習の時間・総合的な探究の時間の目標や内容を適切に定めるという点です。このプロセスを通して、各学校が創意工夫を生かした探究的な学習活動や横断的・総合的な学習活動を展開することが期待されます。その意味では、総合的な学習の時間や総合的な探究の時間が教育課程の中核を担う、という認識をもつこ

とが重要となります。

　探究課題としては、環境問題や健康・福祉、防災、地域の活性化に関することや、あるいは現代的な諸課題をはじめとして地域や学校の実情・特色に応じた課題等、教育的な価値のある課題が考えられます。より具体的な学習のイメージがもてるよう、探究課題を表5-6に例示します。

　これらの探究課題に取り組む際には、①課題の設定、②情報の収集、③整理・分析、④まとめ・表現、といった一連の探究の過程を経ることとなります。その際、知的障害のある児童生徒には、学習の過程で生じる様々な困難さへの対応が必要となります。例えば、選択肢を提示して、取り組む課題や収集する情報等を選びやすくしたり、図やイラスト、動画等の視覚的な情報を提示して学習の見通しをもちやすくしたりするなど、一人ひとりの知的障害の状態等に配慮した支援を合わせて実施することが必要です。

表5-6　探究課題の具体例

課　題	探究課題の具体例
現代的な諸課題	身の回りにある環境問題や自然破壊について ・ごみの回収とリサイクル～エコについて考えよう～ ・動物が街中にやってくる～サルやクマが人を襲うのはなぜ～ インターネット（情報端末）の利用や問題点 ・便利なことと気をつけたいこと～困ったことにならないために～ ・SNS 利用上の注意点～楽しい思い出・悲しい思い出～ 少子化と高齢化について ・小さな子どもとふれあおう～読み聞かせやゲームを楽しもう～ ・ご高齢の方とお話ししよう～生き方や働き方について尋ねよう～
地域や学校の実情・特色等に応じた課題	安心して過ごせる街づくり ・災害から身を守る～防災と減災のために知っておくべきこと～ ・身近に起こる事故や犯罪～事故の防止と犯罪に巻き込まれないために～ 地域の歴史と産業の活性化 ・地域の歴史と産業の発展に向けて～我が町の産業について調べよう～ ・商店街を PR しよう～売れ筋の商品やサービスをまとめよう～
児童生徒の興味・関心に基づく課題	命をつなぐ物語を知ろう ・ビオトープに生きる生き物たち～どんな生き物がいるのかな～ 中学校の仲間たちとの交流 ・地域の中学生と一緒に活動しよう～どんな音楽会ができるかな～

出典：筆者作成。

(3) 評価

　総合的な学習の時間や総合的な探究の時間は、学習指導要領上に示された第1の目標を踏まえ、各学校が設定した独自の目標や内容に基づいて、適切に観点を設定して評価することとなります。その際、目標に対してどのような児童生徒の学びの姿を期待するのかを評価規準としてあらかじめ設定し、学習の過程や結果について、設定した評価規準に基づいて資質・能力が育成されているかをみて取ることが重要となります。もちろん、児童生徒のよい点や進歩の状況等について積極的に評価することは、他の教科等の評価と同様です。なお、指導要録に記録する際は、数値による評価ではなく、設定した観点に即して学習状況に顕著な事項がある場合などについて、その特徴を文章で端的に記述することとなっています。

　いずれにしても、児童生徒の資質・能力の育成状況を多面的に評価できるよう、発表やプレゼンテーション等のパフォーマンス課題の設定、話し合い活動等の観察、ワークシートや制作物を活用したポートフォリオ評価等の多様な評価方法の検討も重要になります。

*　　*

　本章で述べた教科以外の指導については、一人ひとりの児童生徒の資質・能力を育成するうえにおいて、教育課程上、大変重要な意味をもっています。特に個別の指導計画を作成するうえでは、教科以外の視点からも成長や発達の様子を見定めたり、実態把握をていねいに行ったりすることが必要です。そのことを通して、全人的な発達を目指していく豊かな知的障害教育の充実に取り組んでいくことが大切といえるでしょう。

引用・参考文献
1)　全国特別支援学校長会（2019）「全国特別支援学校長会研究集録　令和元年度全国調査：教育課程」https://zentokucho.jp/files/zentokucyo20/R1cyousa-1.pdf
2)　文部科学省（2018）『特別支援学校学習指導要領解説　各教科等編（小学部・中学部）（平成30年3月）』開隆堂出版。
3)　文部科学省（2019）『特別支援学校学習指導要領解説　知的障害者教科等編（下）（高等部）平成31年2月』ジアース教育新社。

4）道徳教育に係る評価等の在り方に関する専門家会議（2016）「「特別の教科　道徳」の指導方法・評価等について（報告）」https://www.mext.go.jp/b_menu/shingi/chousa/shotou/111/houkoku/1375479.htm

5）中央教育審議会（2016）「幼稚園、小学校、中学校、高等学校及び特別支援学校の学習指導要領等の改善及び必要な方策等について（答申）（中教審第197号）」https://www.mext.go.jp/b_menu/shingi/chukyo/chukyo0/toushin/1380731.htm

6）文部科学省（2018）『特別支援学校幼稚部教育要領　小学部・中学部学習指導要領（平成29年度4月告示）』海文堂出版。

7）国立特別支援教育総合研究所（2021）「基幹研究 特別支援教育における教育課程に関する総合的研究——新学習指導要領に基づく教育課程の編成・実施に向けた現状と課題（平成30年度〜令和2年度）研究成果報告書」http://www.nise.go.jp/nc/report_material/research_results_publications/specialized_research/b-360

8）文部科学省（2018）『小学校学習指導要領（平成29年告示）解説　特別活動編　平成29年7月』東洋館出版。

9）文部科学省（2009）『特別支援学校学習指導要領解説　総則等編（幼稚部・小学部・中学部）　平成21年6月』教育出版。

＊上記URLはすべて2022年7月28日最終閲覧。

（武富博文）

第 **6** 章

自立活動の基本と指導

　「特別支援学校幼稚部教育要領　小学部・中学部学習指導要領」（以下、学習指導要領）における自立活動の目標には、「障害による学習上又は生活上の困難を主体的に改善・克服するために必要な知識、技能、態度及び習慣を養い、もって心身の調和的発達の基盤を培う」とされています[1]。この章では、知的障害のある児童生徒の自立活動について、①自立活動とは何か、②自立活動の指導における実態把握、③知的障害のある児童生徒の自立活動の特徴を取り上げて解説します。

1　自立活動とは

　自立活動は、「障害による学習上又は生活上の困難を主体的に改善・克服する」ことを目指した指導です。自立活動の指導が必要となる背景として、「特別支援学校教育要領・学習指導要領解説　自立活動編（幼稚部・小学部・中学部）」（以下、学習指導要領解説自立活動編）には、「障害のある幼児児童生徒の場合は、その障害によって、日常生活や学習場面において様々なつまずきや困難が生じることから、小・中学校等の幼児児童生徒と同じように心身の発達の段階等を考慮して教育するだけでは十分とは言えない。そこで、個々の障害による学習上又は生活上の困難を改善・克服するための指導が必要となる。」と説明されています[2]。つまり、発達段階に合わせた教科等の指導だけでは、障害に起因する困難をカバーすることができないために、障害に起因する困難を改善・克服するための指導である自立活動が必要である、ということになります。

また関連して、「障害のある幼児児童生徒は、その障害によって、各教科等において育まれる資質・能力の育成につまずきなどなどが生じやすい。そのため、個々の実態把握によって導かれる『人間としての基本的な行動を遂行するために必要な要素』および『障害による学習上又は生活上の困難を改善・克服するために必要な要素』、いわゆる心身の調和的な発達の基盤に着目して指導するものが自立活動であり、自立活動の指導が各教科等において育まれる資質・能力を支える役割を担っている。」と示されています[2]。

　現行の学習指導要領（2017）では、資質・能力に共通する要素となる3つの柱として、①知識及び技能が習得されるようにすること、②思考力、判断力、表現力等を育成すること、③学びに向かう力、人間性等を涵養（かんよう）すること、が示されました[1]。さらに、各教科等の目標や内容についても、各教科等の指導を通してこの3つの柱を偏りなく身につけられるようにすることとされました。障害のある児童生徒には、教科等を学び資質・能力を身につけていくための支えとして、自立活動の指導が必要となるということです。

　言い換えると、障害があることから生じる学びにくさや学びの偏りを補うための指導が自立活動であり、自立活動の指導を行う目的は、習得すべき資質・能力が偏りなく獲得できるようにすることであるといえます。

（1）自立活動の法的な位置づけ

　学校教育法第72条において、「幼稚園、小学校、中学校又は高等学校に準ずる教育（同等の教育）」と自立活動の指導を行うことが特別支援学校の目的であると示されています。また、学校教育法施行規則の第130条の2には、知的障害及び複数の種類の障害を併せ有する児童生徒は、自立活動の指導を各教科や道徳、外国語活動などと合わせて指導することができる旨が明記されています。加えて、第138条と第140条は、特別支援学級及び通級による指導の教育課程について、「特別の教育課程によることができる」という規定があります。この規定には特別支援学級及び通級による指導における自立活動の指導が含まれます。

(2) 合理的配慮と自立活動の違い

　学習指導要領解説自立活動編では、自立活動と合理的配慮は目的が異なると指摘しています[2]。合理的配慮について、障害者基本法の第4条2では「社会的障壁の除去は、それを必要としている障害者が現に存し、かつ、その実施に伴う負担が過重でないときは、それを怠ることによって前項の規定（前項の規定とは障害を理由として差別することと権利利益を侵害する行為である）に違反することとならないよう、その実施について必要かつ合理的な配慮がされなければならない」と定めています。表6-1に合理的配慮と自立活動の違いを示しました。

　文字を読むことが苦手であったり、時間がかかったりする児童生徒を例として合理的配慮と自立活動を取り上げてみましょう。学校が行う合理的な配慮には、教師が読み上げソフトの使用を許可することがあります。これは、あくまで他の児童と平等に授業を受けられ（障害による不利益が生じない）、有している力を発揮できるようにするための配慮です。

　一方で、自立活動には、①障害のある人が社会的障壁に気づいて（文字を読むことが困難である）、その状況を改善する手段（読み上げソフトを利用すると内容が理解しやすい、スピードを調整したほうがわかりやすくなる）を知ってそれらを活用するように指導すること、や②文字を読むことが困難であることから生じる社会的障壁を除去できるように周囲に要請するように指導する

表6-1　合理的配慮と自立活動

合理的配慮	自立活動
本人もしくは保護者等の申し出により、過重な負担でない場合に社会的障壁を除去すること	障害による学習上又は生活上の困難を改善・克服するために行う指導
【例】 拡大したプリントを提供する、 読み上げソフトの使用を許可する、 漢字にふりがなをつけた用紙を提供する、など	【例】 読み上げソフトを用いると文章の内容が理解できることを理解し、読み上げソフトの効果的な利用の仕方を指導したり、読み上げソフトを用いて文章を読むことについて許可を求めたりする（障害の特性の理解と生活環境の調整に関すること、感覚や認知の特性についての理解と対応に関すること、言語の受容と表出に関すること）

出典：筆者作成。

ことなどが含まれます。

(3) 自立活動と教科の関係

　自立活動と教科の違いと関係性について、学習指導要領解説自立活動編では、「幼稚園教育要領、小学校学習指導要領及び中学校学習指導要領等に示されている各教科等の『内容』は、すべての幼児児童生徒に対して確実に指導しなければならない内容である」としています。一方、自立活動の内容は、「各教科等のようにそのすべてを取り扱うものではなく、個々の幼児児童生徒の実態に応じて必要な項目を選定して取り扱うものである」と指摘しています[2]。つまり、自立活動はすべての領域や項目を指導するのではなく、幼児児童生徒に必要な内容を抽出して指導することになります。

　また、知的障害の児童の例として、国語科1段階の内容を例に、教科と自立活動の関係を表6-2に例示しています[2]。

　この例示に基づいて、教科と自立活動を分けると「教師の話や読み聞かせに応じ、音声を模倣したり、表情や身振り、簡単な話し言葉などで表現したりすること。」は教科として取り上げる内容であり、音声模倣を促すために「呼気と吸気の調整」することを教えたり（例えば、ろうそくを使って音を出しながら息を吸ったり吐いたりするなど）、「口の形を作る」ことを教えることは（鏡の前で同じ口の形を作るように指導するなど）、自立活動として取り扱う内容になるということになります。

　これは、指導したい教科の内容を学ぶ際の障害となっている事柄（例えば、音を真似ること）を改善するために、教科では扱わない「呼気と吸気の調整」や「口の形を作る」ことを自立活動として教えるということで、前述した

表6-2　教科と自立活動の関係

「小学部の国語科1段階には「教師の話や読み聞かせに応じ、音声を模倣したり、表情や身振り、簡単な話し言葉などで表現したりすること。」が示されている。教師の音声を模倣して言葉で表現しようとするが、発音がはっきりしない場合には、呼気と吸気の調整がうまくできなかったり、母音や子音を発音する口の形を作ることが難しかったりすることなどが考えられる。このような場合には、コミュニケーションの区分における「(2) 言語の受容と表出に関すること。」などの自立活動の指導が必要になる」

出典：文献2）を元に筆者作成。

「障害があることから生じる学びにくさや学びの偏りを補うための指導」ということができます。

（4）自立活動の内容

　表6-3は自立活動の内容です。6つの柱に27の項目（6区分27項目）で構成されています[1]。自立活動の指導においては、児童生徒の障害や発達の状態や興味関心、強さや弱さを整理し、児童生徒の課題となる事柄、指導すべき目標を明らかとしたのち、指導目標に到達することを妨げている事柄は何かということを明らかとして、妨げている事柄を改善するための自立活動の項目を抽出します。抽出される項目は、ひとつの指導目標に対して必ずしもひとつとは限りません。自立活動の項目を組み合わせて、目標に到達するよう具体的な指導内容を検討します。

② 知的障害のある児童生徒の実態把握と自立活動

（1）知的障害教育における自立活動の変遷

　自立活動の指導は、1964（昭和39）年に告示された「盲学校学習指導要領小学部編」及び「聾学校学習指導要領小学部編」において障害の状態の改善・克服を図るための指導が一部に位置づけられたことに起因しています。

　1970（昭和45）年には、障害からくる種々の困難を克服して、社会によりよく適応するための資質を養うために、特別の訓練等の指導が重要であるという指摘が教育課程審議会の答申で示され、1971年の学習指導要領の改訂において自立活動の前身である「養護・訓練」という領域が設定されることになりました[2]。当時の「養護・訓練」は、「心身の適応」「感覚機能の向上」「運動機能の向上」「意思の伝達」の4つの柱12項目から構成されていました。

　その後、1989（平成元）年の学習指導要領の改訂では、内容の示し方が抽象的である、児童生徒の障害の多様化に対応する必要があるという指摘に応じて、「身体の健康」「心理的適応」「環境の認知」「運動・動作」「意思の伝達」の5つの柱18項目で構成されることになり、さらに、1998（平成10）

表6-3　自立活動の内容（6区分27項目）

区分	項目	内容
1. 健康の保持	(1) 生活のリズムや生活習慣の形成に関すること (2) 病気の状態の理解と生活管理に関すること (3) 身体各部の状態の理解と養護に関すること (4) 障害の特性の理解と生活環境の調整に関すること (5) 健康状態の維持・改善に関すること	生命を維持し、適切な健康管理とともに、日常生活を行うために必要な身体の健康状態の維持・改善を図る観点から内容を示している。
2. 心理的な安定	(1) 情緒の安定に関すること (2) 状況の理解と変化への対応に関すること (3) 障害による学習上又は生活上の困難を改善・克服する意欲に関すること	自分の気持ちや情緒をコントロールして変化する状況に適切に対応するとともに、障害による学習上又は生活上の困難を改善・克服する意欲の向上を図る観点から内容を示している。
3. 人間関係の形成	(1) 他者とのかかわりの基礎に関すること (2) 他者の意図や感情の理解に関すること (3) 自己の理解と行動の調整に関すること (4) 集団への参加の基礎に関すること	自他の理解を深め、対人関係を円滑にし、集団参加の基盤を培う観点から内容を示している。
4. 環境の把握	(1) 保有する感覚の活用に関すること (2) 感覚や認知の特性についての理解と対応に関すること (3) 感覚の補助及び代行手段の活用に関すること (4) 感覚を総合的に活用した周囲の状況についての把握と状況に応じた行動に関すること (5) 認知や行動の手がかりとなる概念の形成に関すること	感覚を有効に活用し、空間や時間などの概念を手掛かりとして、周囲の状況を把握したり、環境と自己との関係を理解したりして、的確に判断し、行動できるようにする観点から内容を示している。
5. 身体の動き	(1) 姿勢と運動・動作の基本的技能に関すること (2) 姿勢保持と運動・動作の補助的手段の活用に関すること (3) 日常生活に必要な基本動作に関すること (4) 身体の移動能力に関すること (5) 作業の円滑な遂行に関すること	日常生活や作業に必要な基本動作を習得し、生活の中で適切な身体の動きができるようにする観点から内容を示している。
6. コミュニケーション	(1) コミュニケーションの基礎的能力に関すること (2) 言語の受容と表出に関すること (3) 言語の形成と活用に関すること (4) コミュニケーション手段の選択と活用に関すること (5) 状況に応じたコミュニケーションに関すること	場や相手に応じて、コミュニケーションを円滑に行うことができるようにする観点から内容を示している。

出典：文献1）より。

年には自立を促す主体的な教育活動であることを明確にする観点から、名称を「自立活動」と変更し、「健康の保持」「心理的な安定」「環境の把握」「身体の動き」「コミュニケーション」の5つの柱22項目で示すようになりました[2]。現在（2009年の改訂以降）では、自立活動は前述したように6つの柱27項目で構成されています。

　知的障害教育においては、知的障害に起因する困難性を教科の内容や各教科等を合わせた指導として指導の形態を工夫することで対応してきた経緯があります[3]。そのため、知的障害を対象とする特別支援学校や特別支援学級では時間の指導枠を設けないで合わせた指導として自立活動の指導を行う傾向がありました。2022（令和4）年4月に文部科学省から出された通知において、特別支援学級に在籍する児童生徒の自立活動の時数についての指摘がなされています。そのなかで、「特別の教育課程を編成しているにもかかわらず自立活動の時間が設けられていない場合は、自立活動の時数を確保するべく、教育課程の再編成を検討するべきであること」が指摘されました[4]。近年では、特別支援学級のみならず特別支援学校においても、自立活動の指導を教科と区分しつつ、教育課程にしっかりと位置づけることが強く求められるようになってきています。

(2) 知的障害のある児童生徒の総合的な実態把握

　実態把握には、児童生徒の全体的な実態像や指導の方向性を探るための、総合的な実態把握があります。さらに、総合的な実態把握を踏まえて設定した長期もしくは短期の目標を手がかりとする「指導する目標に対しての実態の把握」があります。

　総合的な実態把握における大事な情報には、①本人や保護者の願いや夢、好みなどの当事者と当事者の周囲の人の主観的な想いに関する情報、②本人の発達や障害に基づく困難さなどに基づく現在の状態像に関する情報、③周囲の人や環境を含めた子どもの生活環境に関する情報などがあると考えられます。

　①については、これから行う指導や支援に対する動機づけや動因に関する情報であるということができます。特別支援教育の目的として重要なことは

何かを身につけることや教えることに限ったものではありません。身につけた事柄、学んだ事柄を通して本人が幸せになったのか、生活の質を高められたのかという視点が重要です。願いが叶うということは大きな動機づけとなりますし、主観的な満足度も増します。本人や家族の願いや夢は、これから行う指導や支援に方向性を与える情報ということもできます。

　②は、知的障害のある子どもの現在の状態に関する情報ということができます。医学的側面からの把握には、障害に関する基礎的な情報の把握（医学的な情報や生育歴など）と同時に、診断に必要な情報（知的機能、適応機能の状態や併存症や合併症など）などがあります。心理学的・教育学的観点から把握すべき事柄を表6-4に示しました。

　また、学習指導要領解説自立活動編には、実態把握の例として、「幼児児童生徒が困難なことのみを観点にするのではなく、長所や得意としていることも把握することが大切である。」「当該学年よりも前の各学年までの個別の指導計画を参考にして、これまで何を目標に学んできたのか、学んで身についたこと、学んで身につきつつあること、まだ学んでいないことなど、その学習の記録を引き継いで指導すべき課題の整理に生かしていく視点も大切である。」とも書かれています[2]。

　③の情報は「障害のある子供の教育支援の手引」[5]や学習指導要領解説自立活動編ではあまり取り上げられていません。これらの情報は、個人の力だけではなく周りが与えている影響について把握することであり、知的障害の

表6-4　心理学的・教育学的観点からの実態把握の例

発達の状態等	障害の状態等	諸検査	これまでの記録
身辺自立	学習意欲・取組みの姿勢・習得状況	知能検査・発達検査	友達との関わり
社会生活能力	自立への意欲	適応機能検査	興味関心
社会性	対人関係		社会性の発達
学習技能	身体の動き		など
運動機能	自己の理解		
意志の伝達能力と手段　など	など		

出典：文献5）を元に筆者作成。

ある児童生徒本人が生活している環境の中で何ができて、何ができないのか、どのような関わりをもっているのかという情報になります。児童生徒が生活している環境の中での様子は、学校とは異なる場合があります。児童生徒の生活環境を知ることで学校での取組みを見直したり、保護者や地域で関わりのある人と課題を共有・改善する機会としたりすることができます。

（3）児童生徒の課題・目標に応じた実態把握

　前述した総合的な実態把握は、子どもの発達状況の目安や指導や支援の方向性を知るための情報の収集及び分析ということになります。指導の方向性が決まったら、次に指導段階を設定したり、長期もしくは短期の目標を設定したりするなど、指導する目標・内容・場面・方向性を具体化することが求められます。そのためには、指導する目標に対して実態把握が再び必要となります。

　学習指導要領解説自立活動編に示されているように、幼児児童生徒の「できること」「もう少しでできること」「援助があればできること」「できないこと」を検討することは重要であると考えます[2]。その際に、本人の情報だけでなく当該の目標に対して、どのような環境条件があればできるのかという情報を得ておけば、児童生徒の指導に用いる目標や手立てを整理・具体化しやすくなります。

　例えば、検査や日常の観察結果から「音声を模倣したり、表情や身振り、簡単な話し言葉などで表現したりすること。」がコミュニケーション上の課題として取り上げられたとします。「もう少しでできる」もしくは「援助があればできる」ということを確認しようと思えば、1対1の場面で単音を提示した場合なら模倣することができるとか、綺麗に音が出ていなくても模倣しようとすることができるとか、模倣できる音とできない音があるとか、指導する人によっては模倣するときがあるなどの情報が、場面を設定して試すことで得られます。また、音声は難しくても手を挙げるなどの動作なら模倣できる、模倣ではないが指導者が手を挙げるとその手に向かって手を合わせてくる（タッチする）、などの情報を確認することもできます。

　課題として取り上げた事柄について、実際にどの程度まで独力で可能なの

か、どのような援助があれば可能なのかなどの情報を得ることで、より詳細な子どもの状況や指導の手がかりが得られます。知的障害のある子どもの場合、このような情報はとても重要になります。

(4) 自立活動の実態把握と指導目標・内容の設定

　図6-1に学習指導要領解説自立活動編に示されている自立活動のための実態把握及び指導目標・内容の設定の流れを①から⑧までで示しました。①として示されている部分が児童生徒の総合的な実態把握として前述したところに相当します。ただし、図には含まれていませんが、児童生徒の総合的な実態把握の中には本人や保護者の主観に関する情報も必要になります。自立活動は障害による困難を改善・克服することですが、障害による困難さの分析のみならず、目指すべき目標やその目標に対する現在の状態を知ることが重要です。

　また、課題・目標に応じた実態把握はこの図6-1の中には示されていません。取り上げるとすれば、②-1と②-2に関連するところかもしれませんし、⑤から⑧の間に行うべき事柄ということができるかもしれません。

　図6-1では、自立活動の指導を考える場合に実態把握で情報収集した事柄を自立活動の柱で整理をして、柱に応じた課題と目標を抽出し、再び自立活動の内容に即して具体的な指導内容に振り分けるという流れで説明されています。自立活動の指導を行う際には、実態把握した内容について自立活動のフィルターを通す必要がありますが、個人的には将来像を踏まえた目標を考える際に障害による困難を分析すると、困難さを基点にした目標しか得られないと考えられます。そのため、目標について再び詳細な実態把握を行う際に自立活動のフィルターを通すことで、自立活動の領域を関連づける流れを考えるといいのではないかと考えます。

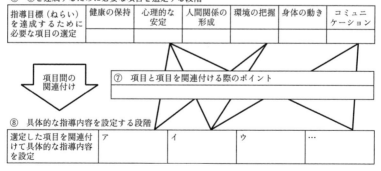

② − 1 収集した情報（①）を自立活動の区分に即して整理する段階					
健康の保持	心理的な安定	人間関係の形成	環境の把握	身体の動き	コミュニケーション

② − 2 収集した情報（①）を学習上又は生活上の困難や，これまでの学習状況の視点から整理する段階

※各項目の末尾に（ ）を付けて② − 1 における自立活動の区分を示している（以下，図15 まで同じ。）。

② − 3 収集した情報（①）を○○年後の姿の観点から整理する段階

※各項目の末尾に（ ）を付けて② − 1 における自立活動の区分を示している（以下，図15 まで同じ。）。

③ ①をもとに② − 1，② − 2，② − 3 で整理した情報から課題を抽出する段階

④ ③で整理した課題同士がどのように関連しているかを整理し，中心的な課題を導き出す段階

⑤ ④に基づき設定した指導目標（ねらい）を記す段階

課題同士の関係を整理する中で今指導すべき指導目標として	

⑥ ⑤を達成するために必要な項目を選定する段階

指導目標（ねらい）を達成するために必要な項目の選定	健康の保持	心理的な安定	人間関係の形成	環境の把握	身体の動き	コミュニケーション

項目間の関連付け

⑦ 項目と項目を関連付ける際のポイント

⑧ 具体的な指導内容を設定する段階

選定した項目を関連付けて具体的な指導内容を設定	ア	イ	ウ	…

図6-1 自立活動の実態把握・指導内容の設定に関する流れ

出典：文献2）より。

③ 知的障害のある児童生徒の指導の留意点と自立活動の指導

(1) 知的障害の特徴からみた指導の留意点

　知的障害のある児童生徒の場合には、障害による「学習上又は生活上の困難」は、得意不得意の偏りや全般的な遅れ、生活や学習上の未学習や誤学習などを引き起こすことになります。また、知的能力に制約があることによって生じる困難や特性には、①習得した知識や技術が偏ったり、断片的になったりしやすい、②習得した知識や技術が実際の生活には応用されにくい、③抽象的な指導内容よりは、実際的・具体的な内容が習得されやすい、といったことが挙げられます。

　自立活動に限らず、知的障害のある児童生徒の指導において重要となるのは、①指導におけるスモールステップ化、②般化や維持に対する指導の工夫、③できる環境の下で行う指導の3点が考えられます。

1) 指導におけるスモールステップ化

　知的障害のある児童生徒に新しい事柄を教える際には、指導内容をスモールステップ化して教えることが有効とされています。スモールステップとは、課題の難易度や指導単位を調整することで、少し頑張ればできることを前提とした達成目標に基づいて指導を行う方法であるということができます。スモールステップで教えることによって、"できた"という達成感を持ちながら学習すること、できたことを土台として次の課題に取り組めることなどのメリットがあり、知的障害のある子どもが陥りやすい失敗を過剰に経験することから生じる意欲の減衰や自発性の抑制を防ぐことにもつながります。

　スモールステップの例としては、ボタンをはめることを指導する際に、持ちやすい大きなボタンを用いることから開始し、それが安定してできるようになったら、少し小さいボタンに変更して指導するというような段階的な指導が挙げられます。また、着替えを教える際に、①上着の右手を抜く、②上着の左手を抜く、③頭を抜く……などのように、着替えの手順を細かく分けて指導すること、なども考えられます。すべての工程ができることを目標と

しないで、最初は右手を抜くことだけを目標として指導し、できるように
なったら左手を抜く、頭を抜く、と徐々に増やしていくことなどもスモール
ステップ化して指導する例ということができます。

2）般化や維持に対する指導の工夫

知的能力に制約があると、学んだ知識やスキルを別の場面や物事に対して
適用したり、用いたりすることが難しくなります。例えば、学校で着替えを
したときに体操服をたたむことを学んだとします。でも同じことを家庭で自
発的に行うとは限りませんし、体操服ではなく別の服の場合にも同じように
できるとは限りません。また、たたむことができるようになったからといっ
て、継続して自発的にたたむことが続けられるとも限りません。前者は「般
化」、後者は「維持」の問題として考えておく必要があります。

般化を促すためには、複数の場面で複数の刺激を用いて指導することが必
要となります。一度に行うわけではありませんが、ひとつの刺激を一場面で
指導するだけでは不十分なことが多いです。また、子どもが家で使っている
ものを用いて学校で教えることで、家でもできるようにするという方法もあ
ります。一方、学習を維持するためには相手が違っても対応の仕方を一貫さ
せたり、意図的に褒めたり褒めなかったりする機会を作ったりする方法もあ
ります[6]。

重要なことは知的障害のある子どもの場合、般化や維持を期待するのでは
なく、般化や維持が可能になるようにもしくは、般化しないことを前提とし
て指導する場所、指導に使うもの、指導する人を意図的に拡げていくように
指導計画を作ることであると考えます。

3）できる環境の下で行う指導

さらに、できたという経験の下で指導を進めることが必要です。スモール
ステップ化と関連することではありますが、環境に手がかりを配置したり、
環境を調整したりすることで、できる状況や環境を作って教えるということ
も重要な指導の仕方になります。

例えば、注意力に問題のある子どもの場合、周囲に気が散るものが多いと
集中できずに別のことをやりだしてしまうことがあります。そこで、近くに
気になるものを置かないようにすれば、集中することができるかもしれませ

ん。また、手順表を見ながらなら卵焼きが作れても、手順表を見ることができないと一部の工程を省略してしまうことがあるかもしれません。

　指導の段階や目標とも関連しますが、手がかりを与えておくことによって、できる状況を作ることが重要です。知的障害のある児童生徒の指導で重要となるのは、知的障害のある児童生徒が"できた"で終われるようにすることです。

(2) 知的障害の特徴からみた自立活動の指導

　前述したような知的障害の特徴や指導の留意点を踏まえて自立活動を考えると、自立活動の内容を身につけることによって可能となる教科的な目標や行動的な目標として設定することが必要であると考えます。そのうえで、達成感や有能感がもてるように留意しながら指導できるように工夫する必要があります。

1) 指導目標のスモールステップ化

　例として、知的障害の教科である生活科の第1段階にある「身の回りの遊びに気づき、教師や友達と同じ場所で遊ぼうとすること。」を参考に、「○○の時間に友達と同じ場所で遊ぶ」という目標に対する自立活動の指導を考えてみましょう。

　まずは、現状でできそうな目標から徐々にステップアップできるように目標をスモールステップ化して考えてみます。

　観察していると、最初から場所を離れるのではなく、開始から10分くらいなら近くで遊ぶ様子が見られました。そうすると、開始10分間友達と同じ場所で遊ぶという目標から開始するようにするといいでしょう。安定しているようなら、15分、20分と時間を増やすことを目標として取り上げることができます。またこの段階であれば「その場で自分が楽しむ」ということが重要です。他児と関わることで楽しめるのであればそれが手立てになりますが、そうでないなら他児と関わることを強調する必要はありません。友達と同じ場所で遊べるようになるためには、友達と遊ぶことが楽しいという経験を繰り返す必要があります。そのため目標の達成に「楽しんでいる」ということが介在していることが必要となります。友達と遊ぶことが苦手な子ど

もの場合には、一緒に遊ぶという段階も、自分が楽しむ段階から、人と一緒に活動して自分が楽しむ段階、相手を意識しながら一緒に活動して楽しむ段階、相手と一緒に活動することを楽しむ段階などを考えておくといいと思います。

2）自立活動に関連づけた目標設定と実態把握

表6-5に実態把握から自立活動の指導への流れを示しました。

友達と同じ場所で遊べていない要因にはどのようなことが考えられるでしょうか。遊んでいるときの様子を観察することで一緒に遊べていない要因を探る必要があります。観察しているといくつか気になる行動を観察することができるでしょう。例えば、部屋から飛び出して、水場に向かうということかもしれません（①）。また、段々と盛り上がってくると耳を塞いで部屋から出ようとすることもあります（②）。その他にも、教師が連れ戻そうと追いかけると楽しそうに逃げるかもしれません（③）。これらの様子から、

表6-5　目標に対する実態把握から自立活動の指導への流れ

気になる行動 （実態把握）	配慮・手立て	当初の目標と ステップ	自立活動の内容
①部屋から飛び出して、水場に行く	①好きなものや活動を遊んでいる場所において選べるようにする	遊びの中に水を入れて友達と同じ場所で遊ぶ⇒好きな活動や物を選んで、友達と一緒に遊ぶ	①②情緒の安定に関すること
②騒がしくなると耳を塞いで部屋から出ようとする	②苦手な音が聞こえにくくなるように環境を調整する ②教師に助けを求める	②イヤーマフで苦手な音を遮断して遊ぶ⇒必要な時にイヤーマフを要求する ②騒がしい場所を離れたいときに、教師に終わり（もしくはおやすみ）を伝える	②状況の理解と変化への対応に関すること ②自己の理解と行動の調整に関すること ②言語の受容と表出に関すること
③教師が追いかけるとニコニコしながら逃げる	③友達と一緒に遊んでいるときに教員が多く関わるようにする	③教師からの好ましい関わりを受けて友達と一緒に遊ぶ⇒関わる大人を広げたり、好ましい刺激を広げたりする	③他者との関わりの基礎に関すること ③コミュニケーションの基礎的能力に関すること

出典：筆者作成。

同じ場所で遊べていない要因はひとつではないことが考えられます。それぞれの要因に対して配慮や工夫を考える必要があります。

　子どもの実態把握に基づいて有効であると考えられる配慮や手立てを検討し、達成可能な目標を設定します。配慮や手立て、目標は前述した、指導におけるスモールステップ化、般化や維持に対する指導の工夫、できる環境の下で行う指導に注意して考えてください。最初に目標は時間を伸ばすということを取り上げましたが、そのためにはそれぞれの配慮や手立ても徐々に条件を変化させていくことが必要になります。また、自立活動の内容を踏まえた目標を考えることが必要となります。①であれば好きな遊具や材料を選択して遊びに用いることができること、②であれば自分にとって苦手なことや苦手な状況や苦しい状況を理解することと同時にそれを解決する手段を身につけること、③人との関わりを楽しい、好ましいと感じられる経験を積み上げることなどです。

(3) 個別の指導計画の作成と活用

　「個別の指導計画」とは、日々の指導や授業を行うために作成する、個別の子どもの実態、目標、手立て及び評価を記載した計画書です。従来から、学習指導要領において自立活動は個別の指導計画を作成して指導することが指摘されてきました[7]。近年は自立活動だけでなく、教科等においても個別の指導計画を作成して指導することが求められています。

　学習指導要領解説自立活動編では、自立活動の指導を行うための個別の指導計画の作成の手順の例が示されています。手順は、表6-3に示した実態把握から指導の流れとほぼ同じです。ただし、個別の指導計画では、目標として長期目標と短期目標を設定することが必要です。学習指導要領解説自立活動編には、「長期的な観点に立った指導目標（ねらい）を達成するためには、個々の幼児児童生徒の実態に即して必要な指導内容を段階的、系統的に取り上げることが大切である。すなわち、段階的に短期の指導目標（ねらい）が達成され、それがやがて長期の指導目標（ねらい）の達成につながるという展望が必要である。」と記されています[2]。

　長期目標は、多くは1年（3年程度を考える場合もあります）、短期目標は学

期（単元とする場合もあります）のスパンで作成されるのが最も一般的です。児童生徒の総合的な実態把握が求められるのは長期目標を設定することに起因しています。長期目標、短期目標の関係もそうですが、短期目標よりさらに短いスパンの目標を個別の指導計画に明記しなくても、想定しておくことはスモールステップによる指導として必要なことであると考えます。

　評価に関しては、各教科について知識・技能、思考・判断・表現、主体的に学習に取り組む態度の3観点の評価規準が示されています[8]。この3観点は、自立活動の評価規準とはなっていませんが、自立活動が「障害があることから生じる学びにくさや学びの偏りを補うための指導」と考えるのであれば、各教科についての評価規準に即した形で評価を考えておくといいでしょう。

　ただし知的障害の場合、進歩のステップは小さい、と考えてください。独力でできたかどうかを評価するのではなく、前述したように配慮や手立ての条件がどう変化して行ったのかを記述することが評価になると考えます。

　例えば、「好きな遊具や材料を選択して遊ぶことができる」ということであれば、「好きな遊具を提示するとそれを用いて遊ぶことができる」という段階もあれば、「遊具を2つ提示すると一方を選択して遊ぶことができる」→「好きな遊具を遊ぶ場に配置しておくとそれを使って遊ぶことができる」→さらには「好きな遊具がないと教師に遊具を要求することができる」という段階を考えることが可能でしょう。それぞれの段階をみると、遊具をどのように提示するかという段階から、それとなく場に配置する段階、ほしい遊具を要求する段階まで、場の状況が変化していることがわかると思います。このような状況や条件の変化は子どもの進歩を示すものです。状況や条件の変化は知的障害の児童生徒の評価において、指導の見直しや達成状況を知るうえで重要な情報となります。

引用・参考文献 ────────────
1）文部科学省（2018）『特別支援学校幼稚部教育要領　小学部・中学部学習指導要領（平成29年4月告示）』海文堂出版。
2）文部科学省（2018）『特別支援学校教育要領・学習指導要領解説　自立活動編（幼稚部・小学部・中学部）平成30年3月』開隆堂出版。

3）山下皓三（2004）「2. 自立活動と教科等との関連等」、国立特殊教育総合研究所『21世紀の特殊教育に対応した教育課程の望ましいあり方に関する基礎的研究：プロジェクト研究報告書（平成13年度～平成15年度）』国立特殊教育総合研究所、94–96頁。

4）文部科学省（2022）「特別支援学級及び通級による指導の適切な運用について（通知）」https://www.mext.go.jp/content/20220428-mxt_tokubetu01-100002908_1.pdf

5）文部科学省初頭中等教育局特別支援教育課（2022）『障害のある子供の教育支援の手引き——子供たち一人一人の教育的ニーズを踏まえた学びの充実に向けて』ジアース教育新社。

6）Alberto, P. A. and Troutman, A. C.（1986）*Applied Behavior Analysis for Teachers*（2nd ed.）. Merrill Publishing Company.
佐久間徹・谷晋二・大野裕史訳『はじめての応用行動分析』二瓶社。

7）文部省（1999）「盲学校、聾学校、養護学校小学部・中学部学習指導要領」https://www.mext.go.jp/a_menu/shotou/cs/1320718.htm

8）文部科学省（2020）「特別支援学校小学部・中学部学習評価参考資料」https://www.mext.go.jp/content/20200515-mxt_tokubetu01-1386427.pdf

＊上記URLはすべて2022年6月17日最終閲覧。

（佐藤克敏）

第 **7** 章

教材の工夫と **ICT・AT** の活用

　「教材」とは、教育の目的に応じて児童生徒が教育内容を習得できるよう にするための素材や材料です。また、物的な手段としてあるいは道具として 活用する場合を「教具」と呼びます。この他にも補助用具やジグ（治具）を 用いることがあります。「ジグ」とは、木工や金工などの加工や組立て作業 のときに、部品を支持したり、工具を作動ポイントに誘導するための器具を 表します。

　知的障害のある児童生徒の教育的対応の基本として「児童生徒の興味や関 心、得意な面に着目し、<u>教材・教具、補助用具やジグ</u>等を工夫するとともに、 目的が達成しやすいように、段階的な指導を行うなどして、児童生徒の学習 活動への意欲が育つよう指導する」[1]（下線は筆者による）ことが学習指導要 領で挙げられています。教材の工夫は児童生徒の興味や関心、意欲を引き出 すことと直接的に関わっていますので授業のねらいに応じて工夫した教材等 を活用することが大切です。特に近年ではICT（Information and Communication Technology）や AT（Assistive Technology）の活用に注目が集まっています。 教材には多種多様なものがありますが、ここでは主たる教材である教科書に ついてふれるとともに、教育活動において児童生徒の資質・能力を育成する うえで効果を発揮する様々な教材・教具や ICT・AT の活用について解説し ます。

1 文部科学省著作教科書
（特別支援学校小学部・中学部知的障害者用）

　学校教育法では、教科用図書・教材の使用について「小学校においては、文部科学大臣の検定を経た教科用図書又は文部科学省が著作の名義を有する教科用図書を使用しなければならない」という規定があります。この規定は中学校や高等学校、特別支援学校等にも準用されます。小学校や中学校の知的障害特別支援学級では、多くの場合、検定教科書が使用されていますが、特別の教育課程が編成できることにより、下学年の内容を学ぶケースも多くなっています。

　一方、特別支援学校では、小学部・中学部知的障害者用に文部科学省の著作教科書が作成されています（図7-1）。この教科書は、学習指導要領上、知的障害のある児童生徒を教育する特別支援学校の各教科の目標と内容が、小学部で3段階、中学部で2段階の設定になっていることと概ね対応するように作成されています。各段階を星の数（☆～☆☆☆☆☆）で表すように作成されているので、通称、「星本」と呼ばれています。2022（令和4）年度段

図7-1　文部科学省著作知的障害者用教科書

階では、小学部で国語、算数、音楽の3教科、中学部で国語、数学、音楽の3教科が作成されています。なお、2021年1月に出された「新しい時代の特別支援教育の在り方に関する有識者会議　報告」[2]を受けて、順次、小学部の生活や中学部の理科、社会の教科書も作成されることになっています。

　学習指導要領の改訂に即して、児童生徒にどのような資質・能力を育成するのかという観点から、各教科で示された目標や内容に応じて知的障害のある児童生徒が学びやすくなるような題材が取り扱われています。なお、これらの教科書には「教科書解説」が作成されています。どのような目標や内容をどのように取り扱っていくのかや、学習指導例、指導上の留意点等の授業づくりの手がかりになるような情報が掲載されていますので、学習指導の際のヒントにすることができます。もちろん、知的障害特別支援学級に在籍する児童生徒でも星本を使用しているケースはあります。

　教科書の活用については、児童生徒の実態や学習経験等にもよりますが、小学校や中学校の通常の学級における指導とは異なり、教科書を机上で開いて一斉に指導したり、教科書の内容を最初から順番に指導したり、すべての題材を網羅的に指導するというよりも、個々の児童生徒の実態や教育的ニーズ等を踏まえながら、例えば教科書を書画カメラで拡大して投影しながら学習を進めたり、題材を一部でアレンジしたり、特に必要な題材に焦点化して他の教材と関連付けながら活用して指導したりするなどの工夫が考えられます。

② 学校教育法附則第9条本

　教科書に関する規定は前述のとおり「文部科学大臣の検定を経た教科用図書」または「文部科学省が著作の名義を有する教科用図書」を使用することとなっていますが、学校教育法附則第9条の規定では、特別支援学校や特別支援学級において、当分の間、文部科学大臣の定めるところにより、先に挙げた教科用図書以外の教科用図書を使用することができることとなっています。これは「一般図書」と呼ばれているものを使用できる旨の規定となります。星本が作成されているのは限られた教科だけのため、その他の教科につ

いては、一般図書を使用するケースが特別支援学校（知的障害）では多くみられます。これらの一般図書は通称、「学校教育法附則第9条本」とも呼ばれていますが、絵本や図鑑の類が多く含まれています。

なお、教科書としての採択については、適切かつ有益なものとなるような審議や調査研究が行われています[3]（表7-1）。

指導する際は、児童生徒の知的障害の状態や、生活年齢、学習状況、経験等を十分に考慮したうえで使用します。また、使用に際しては、著作権侵害にならないように十分に配慮し、児童生徒の興味・関心を惹きつけたり、学習意欲を引き出したりするとともに、教科の内容が十分に習得でき、目標が達成できるように提示の仕方や学習活動の展開の仕方に工夫を図ることが必要です。その場合、児童生徒の学校生活や家庭生活、社会生活と結びけるとともに、実際的な状況下で必要となる体験的な活動等を組み込みながら学習できる環境をつくり、学んだことが様々な場面で生かせるように配慮することが必要です。

例えば、小学部の「生活科」では「ア　基本的生活習慣」から「シ　ものの仕組みと働き」まで12の観点が示されています。これらの内容を習得するために必要な題材が取り扱われている教科書の場面を活用しながら、体育の時間後に「運動場から帰ってきたら何をしたらいいかな？」や「教科書にはこんな絵が描いてあるね」「うがいや手洗い、汗の始末はどうしたらいいかな」「ひとりでできるかな」等の言葉をかけながら生活の中で関連づけて学べるように指導することなどが考えられます。

これらの教科書は、教科書の発行に関する臨時措置法に基づき、毎年6～7月頃に教科書センター等において教科書展示会が実施されています。これは、教科書の適正な採択に資するための取組みですので、これらの機会を活用して情報収集することも教材の工夫につながります。

3 教材整備指針

そもそも学校の教材にはどのようなものがあるでしょうか。教材会社が販売するものから教師自身が作成する自作教材まで多岐にわたるので、体系的

表7-1　学校教育法附則第9条に係る教科書調査研究資料

【生　活　発達段階：B】

種NO	生活47	生活48	生活49
発行	講談社	小峰書店	ひかりのくに
書名	講談社の創作絵本 どしゃぶり	おはよう	こどものずかん　Mio10 たべもの
著者	おーなり　由子　文 はた　こうしろう　絵	梶山　俊夫	加藤典康　企画・編集
定価 （判・P）	1,400円（A4変形　32P）	1,400円（A4変形　30P）	762円（A4変形　64P）
内容	夏の午後急に降ってきた雨の様子が鮮明で、立体的に情景が描かれた絵本である。	主人公の少年が、夢の中でブリキの飛行機に乗りながら、「一緒に乗せて」とやってくる昆虫や動物と様々な冒険をしていく様子を描いた絵本である。	児童・生徒の身近な食べ物について原料や作り方、産地等を示し、食べ物の基本的知識について理解できる内容の本である。
構成上の工夫	【全体の構成や各項目の配列】 主人公が、夏の自然現象について体験している様子を、時間の変化とともに描いた構成になっている。 【表記・表現】 本文の文字の大きさは、14ポイントで、主人公のセリフや擬音語については、音の大きさを示すために大きいフォントが使われている。全ページカラー印刷である。全て平仮名表記である。雨の降り方を、文の表記でも表現している。 【製本の仕方や耐久性等】 紙質はやや厚く、光沢がある。表紙は硬く、糸かがりで製本してあるため、十分な耐久性がある。	【全体の構成や各項目の配列】 見開き若しくは1ページに絵があり、絵の左右どちらかのスペースに文章が書かれている。全体の分量は30ページで適当である。 【表記・表現】 文字の大きさは12ポイントである。文章は縦書きで、主に平仮名、片仮名で表記されている。簡単な漢字も使われているが、全てルビが振られている。絵は主人公や登場人物の表情が温かく楽しく描かれている。 【製本の仕方や耐久性等】 表紙は厚く丈夫である。紙質も良く、装丁もしっかりしている。	【全体の構成や各項目の配列】 食べ物の材料や作り方など、項目ごとに見開き2ページの構成になっている。 【表記・表現】 本文の文字の大きさは14ポイントで表記されている。基本的には平仮名、片仮名表記であるが、漢字には全て振り仮名が付いている。全ページカラーで、様々な食べ物を鮮明に示している。 【製本の仕方や耐久性等】 表紙、紙質ともに丈夫で耐久性がある。
その他	どしゃぶりの雨を存分に楽しむ様子、気持ちよさそうな様子や、活き活きと描かれる雨のしずくの美しい様子が伝わる内容であり、自然への興味・関心を深めることができる。	トンボやザリガニ、蛇など身近な生き物が次々登場するので、「次は何かな」と期待をもって読み進みながら、身近な自然の事物への興味・関心を深めることができる。	子供や動物などのイラストを使用して補足説明を加え、児童・生徒の興味を引きやすいように工夫している。簡単な調理方法も書かれており、実際の生活でも活用できるようになっている。

出典：文献3）より一部抜粋。

に整理するのは難しいのですが、文部科学省が示す「教材整備指針」[4] が参
考になります。この指針は「義務教育諸学校に備える教材の例示品目、整備

数量の目安を参考資料として取りまとめたもの」[5] ですので、各学校の実情に合わせてどの程度、整備されているかを点検する指標になります。

　また、学校種ごとに指針が作成されており、特別支援学校向けには「特別支援学校教材整備指針」が公表されています。なお、この指針は学習指導要領の改訂に即して検討が加えられ、指針そのものにも改訂が行われます。特に最新の教育事情や技術革新の状況等を反映して、例えば、プログラミング教育用のソフトウェアやハードウェア、視線／音声入力装置、3D プリンタ、学校における働き方改革関連として拡大プリンタや複合機等についてなどの例示が盛り込まれています。

　これらの教材は大別すると「学校全体で共用可能な教材」と「教科等別の教材」の2つでまとめられます。さらにそれらを細かく分類すると「機能別分類」としてまとめることができ、具体的には、①発表・表示用教材、②ICT教材、③道具・実習用具教材、④情報記録用教材、⑤実験観察・体験用教材の5つに分類されます。なお、教科等の分類には道徳科や外国語活動、総合的な学習の時間、特別活動、自立活動の教材も含まれています。自立活動は障害種別でも示されており、知的障害ではソーシャルスキル指導用教具やデジタルペット（後述）といったものが含まれています。

　以下に、指針に示された教材の中から、具体的な活用の工夫について解説します。

(1) パネルシアター（発表・表示用教材）

　毛羽立ちのよい「パネル布」という専用の布を、ポリスチレン製などの比較的軽めのボードに貼って、舞台に仕立てます。これをパネルシアターといいます（図7-2）。

　「Pペーパー」という不織布で作った各種のキャラクターや食べ物、果物、乗り物、文字、記号等をボードに貼ったりはがしたり動かしたりしながら活用します。国語科と関連づけてストーリー仕立てにしたお話遊びを楽しんだり、算数・数学科と関連づけて数や形、数字の学習につなげたり、音楽遊びの導入につなげたりすることもでき、幅広く教科等の内容と関連させながら児童生徒の関心を引き出して学ぶことができます。

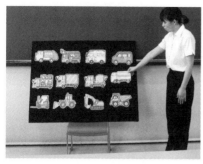

図7-2　パネルシアター

図7-3　電子黒板

　児童生徒は鑑賞するだけでなく、自分で操作しながら言葉を発して学ぶこともできるので、役割分担ややりとり遊び等、コミュニケーションを深めながら学習するなど、バリエーション豊かに活用することができます。

(2) 大型提示装置(ICT教材)

　従来型のチョークと黒板を使用するのではなく、パソコンやタブレット型端末を通して教材を大型ディスプレイ上に映したり、液晶プロジェクターを通してスクリーン上に拡大したり、文字や記号、図形、イラスト等を描いた軌跡がデジタル変換されて表示される電子黒板（図7-3）を活用したりするなど、教材を共有しながら学習を進める工夫が図られています。

　例えば、知的障害のある児童生徒に対しては、一日の始まりに朝の会でその日の学習スケジュール全体の見通しをもてるようにしています。この際、教科名や学習活動名、活動場所等を書いた文字カード・絵カード（アナログ教材）を黒板に貼って確認するだけでなく、前回学習したシーンを写真や動画で提示して児童生徒が記憶を想起しやすくしたり、これから取り組む活動のやり方等についてイメージを膨らませたりする活用の仕方も考えられます。

　電子黒板に書き込んだ内容は、デジタル情報として保存することもでき、次回の学習に引き継いだり、児童生徒のポートフォリオとして学習や成長の振り返りに活用したりすることもできます。従来のチョークやマーカーペンは粉が出て黒板やホワイトボード周りが汚れたり、消すのに時間がかかったりしますが、電子ペンを使用すると汚れを気にすることなく、一瞬で書いた

ものを消すこともできるのでとても便利です。

　このようにICT機器の活用は、知的障害のある児童生徒の情報の入力や出力、処理の支えとなり、コミュニケーションを円滑にすることにも役立っています。

(3) 実物投影機（ICT教材）

　実物投影機は別名「書画カメラ」ともいわれ、手元にある資料や具体物をズーム調整しながらモニターやスクリーンに映し出すことができます（図7-4）。

　例えば、教科書のイラストが小さいときなど、そのイラスト部分を拡大して映すことにより、視覚的に情報を共有しながら学習することができます。そのイラストに何が描かれているかやどのような特徴があるのか、具体物が何個描かれているのか等、学習すべき内容や身につけて欲しい見方・考え方を十分に吟味して活用し、児童生徒に対して効果的に伝えたり、児童生徒から意見を引き出したりする工夫を考えます。使用する際は、ピントや光量を調整して、コントラストをはっきりさせるなど、提示したい情報が鮮明に伝わるように取り扱います。

(4) ラミネート作成機（道具・実習用教材）

　専用のラミネートフィルムに文字カードや絵カード、写真等の平面素材を挟み込んで、ラミネート作成機（図7-5）に通すことによって熱を加え、圧着させます。耐水性が高く、出来上がりはプラスティック製のシート状やカード状になりますので、手洗い・うがい・歯磨き等の手順表を作成したり、作業学習では押し花を挟み込んで栞を作ったり、コースターを作成したりするなど、様々な場面で活用されています。

　この他にも、生活科の内容として示されている金銭の扱いでは、模擬硬貨や模擬紙幣を作成して児童生徒が金種ごとに分類したり、買い物学習を通して金銭の受け渡しをしたりするなど、紙で作成したものよりも破れたり折れ曲がったりする可能性が低く、硬質で扱いやすい点で教材作成としては便利です。ラミネートフィルムには、熱で圧着させるタイプの他に、シール状に

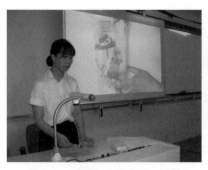

図7-4　書画カメラを活用した授業　　　図7-5　ラミネート作成機と手順表

なっているものもありますので、教材の性質や用途に応じて活用するとよい
でしょう。

(5) プログラミング教育用ソフトウェア・ハードウェア(道具・実習用教材)

　2017(平成29)年改訂の学習指導要領では、身近な生活でコンピュータが
活用されていることや問題の解決には必要な手順があることに気づくことが
大切であるとされています。また、自分が意図する一連の活動を実現するた
めに、どのような動きの組み合わせが必要であり、一つひとつの動きに対応
した記号を、どのように組み合わせたらいいのか等を論理的に考えていく力
(プログラミング的思考)を育むことを通して、コンピュータの働きをよりよ
い人生や社会づくりに生かそうとする態度を養うためのプログラミング教育
が重視されています(図7-6)。知的障害のある児童生徒がこの力を育成し
ていくうえでは、直感的なわかりやすさや、操作性に優れていること、コン
テンツへの興味・関心が重要になります。

　例えば、「ビスケット(Viscuit)」と呼ばれる視覚的にわかりやすいプログ
ラム言語を用いると、自分の描いたイラストが上下左右に動いたり、消えた
り出てきたりするので、児童生徒も楽しみながら学習することができます。
「メガネ」というフレームの配置によって動作が様々に変わりますので、そ
の因果関係について学ぶなかで論理的思考を育んでいくことが可能になりま
す。これらのソフトウェアは、多種多様のものが開発されていますので、児
童生徒の知的障害の実態等に応じて、教科等の学習内容の定着と関連づけて

図7-6　タブレット端末を利用した
　　　　プログラミング学習

図7-7　アダプターを介した
　　　　タブレット端末のスイッチ操作

選択することが必要です。

　文部科学省が運用している「小学校を中心としたプログラミング教育ポータル」（https://miraino-manabi.mext.go.jp/）では、教育課程内外での豊富な実践事例を掲載しているので各種のソフトウェアやハードウェアの選択に参考とすることができます。

（6）入力支援機器「手指入力、音声入力、視線入力」（道具・実習用教材）

　GIGAスクール構想の進展に伴い、知的障害のある児童生徒の学習活動においてもタブレット端末を使用した学習が増えてきています。例えば、タブレット端末を用いて情報検索を行う場合は、画面上のキーボードを介して検索キーワードをタイピングすること（手指入力）で検索することができます。また、キーボード操作に不慣れであったり時間を要する場合は、専用のペンや手指で画面に直接、手書きすることにより変換候補が表れ、そのワードを選択して検索することができます。直接、手書きした文字を認識する精度はAIの活用等により向上していますので、字形が整わない場合でも一定程度の変換が可能となっています。

　また、音声入力も活用できます。例えば、iPadではメモアプリから画面キーボード上のマイクのアイコンをタップすることにより、児童生徒が特段の設定を行うことなく、話した言葉が文字として変換されます。児童生徒同

士の会話を可視化する際に活用するなど、授業の目的や場面に応じて活用することができます。

　入力支援機器としては、外部装置による入力も可能です。例えば、タブレット端末に視線入力装置を接続することにより、視線で文字が入力できたり、画面上のアプリを選択したり、ゲームを楽しんだりすることもできます。また、専用のアダプターを介して「スイッチ」と呼ばれる外部装置（図7-7）をタブレット端末と接続することにより、アプリの選択や文字等の入力も行うことができます。手指の操作に困難さを併せ有する児童生徒の選択行為を保障する手段としても活用できます。

　このようにATは学習の中で、様々な支援機器の活用によって障害による操作上の苦手さや困難さ、コミュニケーションの障壁等を乗り越えるために役立っています。

(7)　デジタルビデオカメラ「動画編集ソフト付き」（情報記録用教材）

　タブレット端末の普及により動画撮影機能を用いて録画することが増えていますが、学習のねらいや情報の活用方法によっては高画質のデジタルビデオカメラを活用することも考えられます。

　光学ズームによる高倍率での撮影で画質の粗さも少なく、遠くの鳥や草木、月や星、雲等の自然の事物を拡大して見ることもできます。また、接写機能を用いれば、観察したい動植物の細かな構造を至近距離で撮影して、迫力のある精細な画像を児童生徒に提示することもできます。手ブレを補正する機能も備わっていますので画像の見やすさも高まります。さらに、高画質で長時間の画像はデータの容量が大きくなりますが、本体や附属メモリに十分に保存できる容量が備わっているので、メモリを圧迫する心配は少なくなります。加えてバッテリーも長時間の撮影に対応できますので、学校行事等の長時間に及ぶ学習活動の撮影には向いているといえます。

　また、デジタルビデオカメラ本体に動画編集機能があるものの中には、切り出したいサイズのフレームを選択して、焦点化したい被写体を追尾しながら常にその被写体を中心に映し出したり、特定の部分だけクローズアップしたりして映し出す機能を備えているものもあります。もちろん、市販の動画

編集ソフトを用いればより高度な編集作業ができますので、児童生徒にどのような情報を伝えたいか、画像を元にどのようなことを感じたり、気づいたりし、また、発表してもらいたいのかなどを十分に検討したうえで、活用することが望まれます。

(8) デジタルペット「自立活動」(知的障害)

　教科等においては自立活動に位置づけられ、知的障害に分類されている教材として「デジタルペット」があります（図7-8）。本物の生き物を学校で飼うことは難しい場合、デジタルペットであれば、管理もしやすく、児童生徒にとっては恐怖心も和らぎ、アレルギー等への心配も低減されます。

　アニマル・セラピーという医療の領域がありますが、動物とのふれあいのなかで安らぎを感じたり癒されたりすることで心理的な状態の改善を図る効果が認められています。デジタルペットのなかには、このアニマル・セラピーの効果をロボットで代替することをねらったものも開発されています。

　自立活動の内容の6区分（6章の表6-3参照）との関わりでは、特に心理的な安定やコミュニケーションと関連して活用することが考えられます。また、自立活動以外にも、小学部の生活科の「遊び」や「人との関わり」、「生命・自然」の観点、中学部の理科、特別の教科道徳等の学習でもねらいや内容に応じて活用することが考えられます。実際に活用している学校では、知的障害のある児童生徒が毎日、デジタルペットとふれあうことを楽しみに登校している様子もうかがえます。

図7-8　デジタルペット

(9) 知的障害者用補助教材

　各教科等の分類の一部では「知的障害者用補助教材」として多様な教材が例示されています。例えば「算数科」では、具体物模型セット、大きな積み木、輪投げ（数字つき）、生活時間提示ボード、計算機つきレジスター、カラー図形マグネットシート、ソフト大

図7-9　数概念の形成を目的とした知的障害者用補助教材

型サイコロ、ターゲットゲーム、ボーリングセット等が挙げられています。いずれも数量や図形、データの活用等の学習すべき内容と関わって活用できるように例示されています（図7-9）。

　知的障害のある児童生徒の場合、抽象的な思考に困難さがありますので、具体物や半具体物を操作しながら数量の概念を形成していくことをねらっています。

　また「生活科」では、「遊び体験教材」として①ゲーム教材、②室内遊具、③室外遊具、④模型、⑤知育、⑥日常の6つに教材が分類されています。特に④模型では、模型セット（動物、果物、野菜、自動車等）、⑤知育ではピクチャーパズル、⑥日常ではままごととサークル、家族人形セットが例示されています。知的障害のある児童生徒は、これらの教材を使用しながら学校生活全体を通して遊びそのものを学ぶことや遊びを通しながら、言葉や人との関わり、役割等について関連づけて学ぶことが可能になります。

（10）プリント・ドリル教材

　児童生徒の学習の習得状況等に応じて、各種のプリント教材やドリル教材をあわせて使用するケースがあります（図7-10）。知的障害のある児童生徒

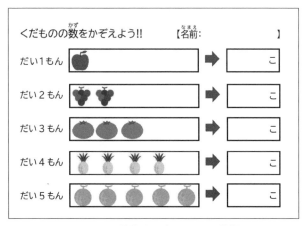

 の部分に以下が含まれる:

くだものの数をかぞえよう!!　【名前:　　　　　　　】

だい1もん → □こ

だい2もん → □こ

だい3もん → □こ

だい4もん → □こ

だい5もん → □こ

図7-10　算数科のプリント・ドリル教材

の場合、実際的な生活場面の中で具体的な活動を通して思考したり判断したり表現できるようにする指導が効果的であるとされていますので、プリント学習やドリル学習のみで生活に生かすことができ、さらに生活の質が高まるような学習が積み上がっていくかは慎重な検討が必要になります。

　一方で、知識や技能の定着に向けて繰り返し学習したり、継続的に課題に取り組んだりすることで自信や意欲を高めるケースもあります。また、学んだことを家庭で振り返るために課題として持ち帰り、家庭学習の習慣を身につけるために利用するケースもあります。一人ひとりの学習スタイルや学習習慣の確立等の状況を見極めながら、適時・適切に活用したいものです。

　なお、これらの教材は市販のものを用いることもあれば、オリジナルの教材を作成する場合もあります。一人ひとりの実態を的確に把握したうえで使用するのであればオリジナルの教材が最も適合するものと思われますが、作成に時間がかかることが考えられますので、校内で教材を共有する教材バンクのシステム化等を検討することも必要となります。

＊　　　＊

　学習指導要領に基づき知的障害の特性を踏まえた学習指導を展開するうえで必要となる各種の教材やその作成・使用方法について述べましたが、これ

らはアナログ教材やデジタル教材といった観点からも分類できますし、ロー
テク教材、ハイテク教材といった分類もできるでしょう。近年ではとりわけ
ICTを中心とした教育インフラの目覚ましい進化が認められますが、デジタ
ル教材のみならずアナログ教材を含めて双方の利点や長所を生かしながら児
童生徒の資質・能力の育成に最も効果的な使用を心がけることが重要です。

　なお、わが国唯一の特別支援教育のナショナルセンターである国立特別支
援教育総合研究所では、「特別支援教育教材ポータルサイト」（http://kyozai.
nise.go.jp/）を開設し、各種の教材や支援機器、学校における実践事例を紹
介していますので、これらの情報も活用することをお勧めします。

引用・参考文献 ─────────────────────────

1）文部科学省（2018）『特別支援学校学習指導要領解説　各教科等編（小学部・中学部）
（平成30年3月）』開隆堂出版。
2）新しい時代の特別支援教育の在り方に関する有識者会議（2021）「新しい時代の特別支
援教育の在り方に関する有識者会議 報告」https://www.mext.go.jp/b_menu/shingi/
chousa/shotou/154/mext_00644.html
3）東京都教育委員会（2022）「令和5～7年度使用特別支援教育教科書調査研究資料（一
般図書）」https://www.kyoiku.metro.tokyo.lg.jp/school/textbook/adoption_policy_other/
survey_research_materials/research_2023_general_book.html
4）文部科学省「学校教材の整備」https://www.mext.go.jp/a_menu/shotou/kyozai/index.htm
5）文部科学省（2020）「令和2年度からの教材整備計画等に係る財政措置について」
https://www.mext.go.jp/content/20200131-mxt_zaimu-100002591_1.pdf
＊上記URLはすべて2022年7月10日最終閲覧。

（武富博文）

第8章

キャリア・職業教育と進路指導

　知的障害の児童生徒はどのような教育を積み重ねていけば、よりよい社会と幸福な人生の創り手となることができるのでしょうか？　キャリア教育はなぜ必要なのでしょうか？　キャリア・職業教育と進路指導の違いとは何でしょうか？　具体的にどのような教育を行っているのでしょうか？　学校を卒業した知的障害のある人は、どのような支援を受けながら、社会と人生の創り手となっているのでしょうか？　以下、これらについて解説します。

① キャリア教育と進路指導

　小・中・高・特別支援学校の学習指導要領では、共通して、総則において「学ぶことと自己の将来とのつながりを見通しながら、社会的・職業的自立に向けて必要な基盤となる資質・能力を身につけていくことができるよう、特別活動を要としつつ各教科・科目の特質に応じて、キャリア教育の充実を図ること」として、「キャリア教育」が明示されました。また中・高等学校段階では、このキャリア教育の記載に加えて、進路指導についてこれまでと同様に「生徒が自らの生き方を考え、主体的に進路を選択することができるよう、学校の教育活動全体を通じ、組織的かつ計画的な進路指導を行うこと」と記載されています。どうしてキャリア教育の充実が必要となったのでしょうか？　各教科・科目の特質に応じて、キャリア教育を行うということは具体的にどのような力を学習の中で育成していくのでしょうか？[1]~[5]

② キャリア教育の充実を図るのはなぜか

「幼稚園、小学校、中学校、高等学校及び特別支援学校の学習指導要領等の改善及び必要な方策等について（答申）」[6] では、子どもたちの現状と未来について、学力面と課題、未来社会の姿を表8−1のように示しています。

では、変化が激しく将来の予測が困難な時代において子どもたちが生き抜いていくにはどのような力を身につけていけばよいのでしょうか？　予測できない変化に受け身で対処するのではなく、主体的に向き合って関わり合い、自らの可能性を発揮し、よりよい社会と幸福な人生の創り手となっていけるようにするにはどのような学びが必要なのでしょうか？

前述の中教審答申では、そのひとつの方法として「学校教育に『外の風』、すなわち、変化する社会の動きを取り込み、世の中と結びついた授業等を通じて、子どもたちがこれからの人生を前向きに考えていけるようにすることや、発達の段階に応じて積み重ねていく学びの中で、地域や社会と関わり、様々な職業に出会い、社会的・職業的自立に向けた学びを積み重ねていくことが、これからの学びの鍵となる」としています[6]。この学びの鍵こそキャリア教育です。

表8−1　子どもたちの現状と未来

子供たちの学力	・国内外の学力調査の結果によれば近年改善傾向 ・『人の役に立ちたい』と考える子供の割合は増加傾向 ・学習への取組や人とのつながり、地域・社会との関わりを意識し、関わっていこうとする子供たちの姿
子供たちの課題	学ぶことと自分の人生や社会とのつながりを実感しながら、自らの能力を引き出し、学習したことを活用して、生活や社会の中で出会う課題の解決に主体的に生かしていくという面から見た学力
未来の社会	変化が激しく将来の予測が困難な時代

出典：文献6）より。

③ キャリア教育とはどんな教育か

(1) キャリア教育の法的位置づけ

　キャリア教育という考え方は、1999（平成11）年の「今後の初等中等教育と高等教育の接続の改善について（答申）」[7]で登場します。背景には、新規学卒者のフリーター志向や学卒後3年以内の離職率の増加があり、学校生活と職業生活との接続に問題がある、とされたからでした。

　この接続の問題を円滑にしていくために、キャリア教育を小学校段階から発達段階に応じて実施し、望ましい職業観・勤労意欲及び職業に関する知識や技能を身につけさせ、自己を理解し、主体的に進路を選択する能力や態度を育てる必要があると前述の答申は述べています。

　その後、2006（平成18）年に教育基本法が改正されるにあたって教育の目標が第2条に設けられ、「個人の価値を尊重して、その能力を伸ばし、創造性を培い、自主及び自立の精神を養うとともに、職業及び生活との関連を重視し、勤労を重んじる態度を養うこと」としてキャリア教育が法律上位置づけられました。自ら進んで働く精神に満ちた人間の育成を目指して、勤労を重んずる態度を養うことを教育の目標として掲げ、職業や生活との関連を重視した教育が行われるべきことを規定して、児童生徒の職業観、勤労観を育成し、職業に関する知識、技術を身につけ充実させていくことを趣旨として新設されました。

　あわせて、学校教育法も第21条に「職業についての基礎的な知識と技能、勤労を重んずる態度及び個性に応じて将来の進路を選択する能力を養うこと」としてキャリア教育に関わることが新設されました。このことにより、キャリア教育が幼稚園から高等学校及び特別支援学校のすべての学校で行われることとなりました。

(2) 教育用語としての「キャリア教育に関わる言葉」の定義

　キャリアという言葉は様々な使い方がされます。教育用語としてのキャリア教育に関わる言葉として「キャリア」「キャリア発達」「キャリア教育」と

いう言葉がありますが「今後の学校におけるキャリア教育・職業教育の在り方について（答申）」[8]では表8-2のように定義づけられています。確認をしてキャリア教育を考えていきましょう。

（3）キャリア教育でどんなことができるようになればよいのか

1）キャリア教育で育成したい力とは？

経済・社会や雇用、学校が変化するなかで、社会に出て生活するうえで必要となる能力、仕事をするうえで必要となる能力が変化し、必要となる能力を育成する仕組みが低下しているとすれば、どうすればよいでしょうか？

社会的・職業的自立、学校から社会・職業への円滑な移行に必要な力を明らかにして、その力を高めていくことが求められます。また、その力は生得的な力ではなく、義務教育から高等教育までの学校教育において育成することができる力であること、夢や目標をもち具体的な行動を積み重ねていくことによって実現を図ることができる力であることを明らかにすることが必要です。また、時代の変化によって求められる力は変化していくことにも留意する必要があります。このような考え方でまとめられた力について前述の中教審答申では、表8-3のように5つにまとめています[8]。

2）「基礎的・汎用的能力」とはどんな力でしょうか？

表8-3の5つの力のうち、②基礎的・汎用的能力について、前述の中教審答申は、重要な力としてさらに4つに分けて解説をしています。それを表8-4としてまとめました[8]。

④ 小・中・高等学校と特別支援学校の キャリア教育のつながり

（1）キャリア教育をどのようにつないでいくのか：学びの連続性

本章の冒頭で記載したように、小・中・高・特別支援学校の学習指導要領では共通して、特別活動を要とした各教科等の特質に応じてキャリア教育の充実を図ることと、しています。「要」とする「特別活動」については、特別支援学校学習指導要領では、小・中・高等学校学習指導要領に示すものに

表8-2　キャリア教育に関わる主な言葉の定義

キャリア	人が、生涯の中で様々な役割を果たす過程で、自らの役割の価値や自分と役割の関係を見いだしていく連なりや積み重ね
キャリア教育	一人ひとりの社会的・職業的自立に向け、必要な基盤となる能力や態度を育てることを通して、キャリア発達を促す教育
キャリア発達	社会の中で自分の役割を果たしながら、自分らしい生き方を実現していく過程

出典：文献8）を元に作成。

表8-3　キャリア教育で育成したい力

①基礎的・基本的な知識・技能	「読み・書き・計算」等の知識・技能 税金や社会保険、労働者の権利や義務等の理解
②基礎的・汎用的能力	分野や職種にかかわらず必要となる能力
③論理的思考力	物事を論理的に考え、新たな発想等を考え出す力
④意欲・態度及び価値観	意欲や態度の向上と能力の向上の密接な関連 勤労観・職業観を含む価値判断の基準になるもの
⑤専門的な知識・技能	専門性をもつことが個性の発揮 学校教育のなかでも専門性の育成の必要性

出典：文献8）を元に作成。

表8-4　基礎的・汎用的能力

②-1 人間関係形成・社会形成能力	多様な他者の考え方や立場を理解し、相手の意見を聞いて自分の考えを正確に伝えることができるとともに、自分の置かれている状況を受け止め、役割を果たしつつ協力・協働して社会に参画し、今後の社会を積極的に形成することができる力。コミュニケーションスキル、チームワーク、リーダーシップ、他者理解等
②-2 自己理解・自己管理能力	「自分ができること」「意義を感じること」「したいこと」について、社会との相互関係を保ちつつ、今後の自分自身の可能性を含めた肯定的な理解に基づき主体的に行動すると同時に自らの行動や感情を律し、かつ、今後の成長のために進んで学ぼうとする。役割の理解、前向きに考える力、ストレスマネジメント、主体的行動力等
②-3 課題対応能力	仕事をするうえでの様々な課題を発見・分析し、適切な計画を立ててその課題を処理し、解決することができる力。情報の理解・選択・処理、原因の追及、課題発見、計画立案、実行力等
②-4 キャリアプランニング能力	「働くこと」の意義を理解し、自らが果たすべき様々な立場や役割との関連を踏まえて「働くこと」を位置づけ、多様な生き方に関する様々な情報を適切に取捨選択・活用しながら、自ら主体的に判断してキャリアを形成していく力。学ぶことや働くことの意義や役割の理解、将来設計、行動と改善等

出典：文献8）を元に作成。

準ずるとされています。

　さらに、知的障害者である児童または生徒に対する教育を行う特別支援学校においては「知的障害の状態、生活年齢、学習状況及び経験等に応じて、適切に指導の重点を定め、具体的に指導する必要がある」としています。

　加えて、障害のある児童生徒は必要に応じて学びの場を変えていく、インクルーシブ教育システムによる学びの連続性を保障する観点から、キャリア教育についても小・中・高・特別支援学校での学びの連続性を保障していく必要があります。

　その学びの連続性を保障していくツールとなるものが、関係者の連携により支援の内容や方法を計画する個別の教育支援計画、指導方針を定める個別の指導計画、キャリア教育の学びの履歴であるキャリア・パスポート[9]となります。キャリア・パスポートとは、児童生徒が、小学校から高等学校までのキャリア教育に関わる諸活動について、特別活動の学級活動及びホームルーム活動を中心として、各教科等と往還し、自らの学習状況やキャリア形成を見通したり振り返ったりしながら、自身の変容や成長を自己評価できるよう工夫されたポートフォリオのことです。

　なお、その記述や自己評価の指導にあたっては、教師が対話的に関わり、児童生徒一人ひとりの目標修正などの改善を支援し、個性を伸ばす指導へとつなげながら、学校、家庭及び地域における学びを自己のキャリア形成に生かそうとする態度を養うよう努めなければなりません。各教科等の学習内容だけではなく、キャリア教育の学習内容についても、学習履歴を引き継ぎ、発展させていく必要があります。そこで、小中学校のキャリア教育の例をみていきましょう[1)～5) 9)]。

(2) 小・中学校のキャリア教育の例：キャリア発達

1) 小学校の場合

　例えば、小学校の低学年は、進路の探求や選択に係る基盤形成の時期です。自己や他者への積極的関心を形成したり、身の回りの仕事や環境への関心・意欲を向上させたりする時期です。こんな人になりたい、あんな人になりたいと思う時期でもありますから、その目標に向かって努力する態度を育成す

る時期でもあります。キャリア発達の観点からは、小学校生活に適応すること、身の回りの事象への関心を高めること、好きなことをみつけてのびのび活動することなどが課題となります。

したがって、各教科等の指導においても、好きなことをみつけて一生懸命に活動することや友人と協働する学習活動を行うことにより社会性を培うこと、まち探検や幼稚園児との交流活動を通して自分自身や身近な人々や社会に対する関心を高めること、係活動などを通して学級のみんなのために働くことにより働くことへの関心を高めたり、決まりを守って生活したり遊んだりすることの大切さを学ぶようにしていきます。

2) 中学校の場合

中学校は、どこの高校・特別支援学校に行くか、進路先を卒業した後はどうするか、など現実的な探索と暫定的な選択をする時期だといえます。キャリア発達の観点からは、その探索と選択にあたって、自分自身を肯定的に理解することや自己有用感を獲得することが大切な時期です。また自分自身の興味・関心等に基づく勤労観や職業観を育成することも重要です。そのためには、社会や大人を客観的にとらえることができるようになるとともに、自己の言動が他者に及ぼす影響についての理解も必要です。また、将来なりたい職業等に向けた現在の努力のあり方を探ることなども必要なことです。

したがって、各教科等の指導においても、例えば、国語では論理的に考える力や共感する力を養い、人との関わりの中で伝え合う力を高める指導、道徳では勤労を通して社会貢献に伴う喜びが体得され、生きがいのある人生を実現しようとする意欲を高める指導が必要です[10) 11)]。

⑤　知的障害特別支援学校のキャリア教育の実際

知的障害特別支援学校の児童生徒について、発達段階をどのように考え、どんな課題を念頭に置いて、どのような指導を行えば、基礎的・汎用的能力等のキャリア教育で育成したい力をつけることができるのでしょうか？　小学部から高等部まで段階を追ってみていきましょう。

(1) 小学部：学習内容が1段階の児童を中心とした例

　特別支援学校小学部に入学した、どの学習内容も概ね1段階の児童にとって、この時期は、職業及び生活に関わる基礎的な能力獲得の時期ということができます。一人で遊ぶことや大人や友人と遊ぶことができるようになること、遊びから目的が明確な活動ができるようになることを目指していく時期です。また、興味・関心が児童のごく近い範囲から地域に広がってほしい時期でもあります。着替えや学習用具の準備等についても、初めは大人からの援助を受けながら、やがて自主的、自立的な活動ができるようにします。それとともに、活動したことを大人や友人から賞賛されることにより働くことへの意欲や集団への所属感、承認されることの充実感を育成する時期でもあります。

　したがって、実際の指導では、まず安心して学校生活を送ることができるようにするとともに、自分の良さを発揮することができるようにすることが何よりも大切です。そのうえで、食事や用便等の生活習慣に関わる初歩的な学習活動を通して簡単な身辺処理に気づき、教師と一緒に行おうとすること、身の回りの遊びに気づき、教師や友達と同じ場所で遊ぼうとすること、身の回りの集団に気づき、教師と一緒に参加しようとすること、身の回りの簡単な手伝いや仕事を教師と一緒にしようとすること、などが主な指導内容となります。その際に、校内探検「身近な学校で働く人々を探そう」、校区探検「学校の周りのお店やお仕事を知ろう」等により、身近な働く人々や仕事を間近でみて、自分の生活とのつながりを実感することを学ぶことはキャリア発達の観点から大切なことです。

(2) 中学部：学習内容が2段階を中心とした例

　小学部や小学校の特別支援学級等から中学部に入学した生徒にとっては、職業及び生活に関わる基礎的な能力を土台に、それらを総合して働くことに応用する能力獲得の時期です。キャリア・パスポート等を活用してそれまでの学習履歴を精査したうえで、一人ひとりに応じたキャリア発達を積み上げていく必要があります。

　中学部段階は、卒業時に通常の特別支援学校高等部、職業教育に特化した

専門学科・職業コースのある高等特別支援学校等、普通科・専門学科・全日制・定時制の高校等地域によって選択の幅が様々あり、自己の判断による進路選択をしていくこととなります。実際的な職業体験により自らの適性に気がつき、やりがいや充実感を体感し、職業の意義や価値を知る時期でもあります。また、様々な人とともに働く職業生活に必要な自己及び他者理解を深めることも学んでいく時期であるといえます。

　したがって、実際の指導では、作業や実習等を通して製作した製品・生産物等の販売会を行ったり、地域の商店街や公共機関等に貢献する活動を設定したりするなどして、取り組んだ結果が地域などで評価されるような機会をもつことは働くことの意義を学ぶうえで大切な指導です。具体的には、地域のスーパーマーケットや商店街等の一角で生産物等の販売会を行い、生徒自身が直接販売し客とのコミュニケーションや客から評価されるなどの活動や、地域の公園等の清掃・植栽等の整備により生徒自身の働いている様子が多くの人の目に触れ、様々な評価をいただく活動は、貴重な機会となります。自分たちがつくったものが売れてお金に替わること、よい評価をされること、厳しい評価をされること、客とコミュニケーションをすることなど、キャリア教育で育成したい力をつけるよい機会となります。

　また、実際の事業所等に協力いただき、職業体験学習として、職業や進路などについて理解を深めたり、考えたりすることも進路を考える貴重な経験となります。さらに、情報機器を活用した学習活動等により、体験したことや感じたことを表現する学習を組み合わせることでキャリア発達の学びの広がりが生まれます。

(3) 高等部：学習内容が2段階を中心とした例

　中学部から進学した生徒と中学校特別支援学級等から進学してきた生徒が高等部で共に生活することとなります。キャリア・パスポート等によって、一人ひとりの学習履歴を精査し、一人ひとりに応じたキャリア発達を積み上げていく必要があります。

　高等部は、職業及び卒業後の家庭生活に必要な能力を、実際に働く生活を想定して具体的に適用するための能力を獲得していく時期です。自らの適性

ややりがいなどに基づいた意思決定や働くことの知識・技術の獲得と必要な態度の形成、必要な支援を適切に求め、指示や助言を理解し実行する力の育成、職業生活に必要な習慣の形成、経済生活に必要な知識と余暇の活用等を図る手立てを探る時期であるといえます。

　したがって、各教科等での指導は、職業生活に必要とされる実践的な知識を深め技能を身につけることを地域や学校の特色に応じて行います。農園芸、木工・金工製品制作、被服製品の製作、喫茶や福祉、流通サービス等様々な学習を通して、作業の確実性・持続性・巧緻性等を高め状況に応じて作業し習熟することや、作業や実習において自ら適切な役割を見出すとともに自分の成長や課題について考え表現すること、作業上の安全や衛生、効率について考え、他者との協働により改善を図ることなどを学習します。その際に、農園芸であれば、地域の畑を借り、地域の方に講師を依頼し、地域のルールで生産物をつくることや、福祉サービスであれば、地域の高齢者や高齢者介護施設等に継続的に授業に加わっていただき、高齢者との接し方などを実際に即して学ぶことが重要です。

　また、情報機器の操作も、中学部段階よりさらに実際的に、制作物をバーコードと表計算のアプリケーションソフトで売上管理をするなど、その特性や機能を理解し、目的に応じて適切に操作することも、情報モラルの理解とともに学習していきます。

　学校で育成した力が実際に産業現場で発揮することができるよう、産業現場での実習も段階に分けて繰り返し行い、産業現場からの客観的な評価と自己評価の違いや評価の違いを考え、埋める努力も学びます[1]〜[5] [12]。

⑥　知的障害のある生徒の進路指導・職業指導とその実際

(1) 中学部（中学校）からの進路指導

　知的障害特別支援学校中学部の卒業生の進路は、文部科学省の2020（令和2）年度調査によりますと、98.7％が高等部への進学です[13]。以前は大半の生徒が同一校の高等部へ進むことが多かったのですが、現在は、多くの都道府県で高等部に「専門学科」や「職業コース」を設置するようになりまし

た。

　また、高等学校でも「学び直しのコース」「共生コース」の設置等が広がり、中学部の生徒や中学校特別支援学級からの進路選択は多様となりました。その進路選択に伴い、スクールバスではなく公共交通機関による通学、給食のない弁当持参の昼食、wi-fiの設備が整った寄宿舎での生活、定時制高校への夜間の通学等、生活自体が大きく変わる進路選択を知的障害の生徒が行っています。これまでの特別支援学校中学部（中学校特別支援学級）の進路選択とは大きく変化してきています。

　したがって、中学部（中学校特別支援学級）で、生き方や生活を考え、主体的に進路を選択することができるよう、学校の教育活動全体を通じ、組織的かつ計画的な進路指導を行うことが必要です。産業現場での実習や進学希望先の体験入学等将来のことについて具体的にイメージをもち、考えるきっかけが得られるようにすることが大切です。あわせて、中学部の生徒の多様な進路選択を可能とするため、個別の教育支援計画及び個別の指導計画、キャリア・パスポート等によりキャリア発達の学習や各教科等の学習の履歴を明示し、学習の連続性が保障できるようにすることも大切です。

　中学校特別支援学級から高等学校に進路選択をする生徒については、療育手帳の申請、障害者雇用の仕組み、障害者年金の申請、就業・生活支援センター等の障害者雇用と生活を支援する地域に根ざした仕組み等の理解も保護者を含めて計画的に行っていく必要があります[12]。

(2) 高等部（高等学校）からの進路指導

　知的障害特別支援学校高等部卒業生は、前出の文科省調査によりますと、34.4%が就職、59.8%が社会福祉施設等への入所・通所、進学は0.4%、教育訓練機関へは1.3%です[14]。社会福祉施設等への入所・通所をする人のなかで、就労訓練を利用する人の割合が高く、高等部卒業生の多くが社会に出て働く生活に移行しています。特別支援学校高等部に入学してくる生徒及び保護者は、生徒の進路先や職業に関する情報を必ずしも十分に得られていない状況等を踏まえて、地域の現実に即した情報を提供して共通理解を図ったうえで、将来、生徒が社会の中での自分の役割を果たしながら、自分らしい生

き方を実現していくための働きかけを行うことが必要です。このため、入学前後から進路説明会（保護者・生徒対象）、面談、企業や通所施設等の保護者見学会、卒業生の進路選択の経験談等を繰り返しながら、地域の現実に即した情報提供をしていき、卒業後の生活のイメージをもてるようにしていく必要があります。

　また、中学校から高等学校に入学した知的障害の生徒及びその保護者に対して、知的障害者のキャリア発達を踏まえつつ、高等学校は特別支援学校のセンター的機能や関係機関との連携を十分に行い、進路選択を支援していく必要があります。その際、卒業後の就労継続や生活への支援を行う仕組みへの移行支援を十分に行う必要があります。また、就労後20歳になるときの障害基礎年金の申請や、保護者から離れて一人住まいをするときのグループホーム等についても、本人及び保護者に十分認識をさせて移行支援をしていく必要があります。

　知的障害の児童生徒及び保護者にとって、民間企業等に就職し、障害のない者と同等の収入を得て、家族から自立した生活を送ることができるようになることは、幼小の頃からの目標です。就職が内定した生徒が卒業式を迎えるときの本人及び保護者の笑顔には充実感があふれています。

　一方で、障害のあるなしにかかわらず、長い人生を考えたときに、就職することは人生のスタートラインに立つこととともいえます。卒業後数十年にわたって働き続け、職場の上司や同僚と人間関係をつくりながら、友人や地域の人たちとも人間関係をつくり、それぞれの場ごとの役割を果たしながら、生活を続けることにより、経済的な安定と楽しく充実した自分らしい毎日の生活をつくっていくことができます。それが「よりよい社会と幸福な人生の創り手」となることのひとつであるという想像はできます。

　ところが、ある特別支援学校の調査によると、就職した生徒のうち約20％が3年以内に離職または離職の危機に直面をしていたという報告がありました[14]。理由を調査したところ、離職または離職の危機に直面した卒業生のうち約7割の卒業生には、働くための知識や技能、職場での人間関係には何の問題もなく、異性を含めた友人や家族とのトラブルにより働く意欲を失ったというものでした。

　この報告は、知的障害特別支援学校（高等学校）卒業後の生活を支えることの重要さと予測できない変化が起こったときに、主体的にそのことにどのように関わるかを学習として積み重ねていくような教育課程や指導のあり方の重要さを示しています。

　例えば、余暇活動の充実は特別支援学校高等部（高等学校）卒業後の生活を支える重要な要素だといわれます。心理的な安定を高め、働く意欲を継続し、生活を充実させる大きな役割があります。在学中から取り組める余暇活動を培っていくことも進路指導のひとつといえます。

　また、仕事や生活について問題が発生したときに、一人で悩んでいないで、職場なら上司等、職場外なら就業・生活支援センター等に困っていることを伝えるなど、その場その場で解決するコミュニケーションの相手と手段が明確であることが必要です。実際の就労や生活の場面を想定したコミュニケーションの方法や地域での相談相手を登録し、顔合わせをしておくことも進路指導のひとつであるといえます。それがその後の年金の申請や離職をしたときの再就職をするための相談にもつながることとなります[13) 14)]。

（3）知的障害特別支援学校高等部卒業後の主な進路先

　前述の知的障害特別支援学校高等部卒業生の進路をさらに詳しくみていくと表8-5のようになります[13)]。社会福祉施設への入所・通所等についても、個々の希望等に応じて異なる進路があることがわかります。

　表8-5の①の一般就労について、障害者雇用促進法は雇用する労働者の2.3％に相当する障害者を雇用することを義務づけています。これを満たさ

表8-5　知的障害特別支援学校高等部卒業後の主な進路先

①一般就労	・企業	・国や地方公共団体
②就労系福祉サービスの利用	・就労継続支援A型 ・就労移行支援	・就労継続支援B型
③生活介護		
④その他の訓練・入所施設等	・重度訪問介護	・重度障害者等包括支援
⑤進学・教育機関等	・医療機関 ・大学等　・専修学校等	・特別支援学校専攻科

出典：文献13）を元に作成。

ない企業からは国が納付金を徴収しています。一般就労では、雇用契約により最低賃金以上の給与が得られます。また、働きながら定着支援の相談や福祉サービスを受けることができます。近年では、障害者の雇用の促進及び安定を図るために設けられた特例子会社制度により、企業グループが設置した会社への就職も増えています。この制度は、事業主が障害者の雇用に特別の配慮をした子会社を設立し、一定の要件を満たす場合には、特例として、その子会社に雇用されている労働者を親会社に雇用されているものとみなして、実雇用率を算定することができる制度です。

　②の就労系福祉サービスとは、「障害者の日常生活及び社会生活を総合的に支援するための法律（障害者総合支援法）」に位置づけられている就労の訓練に関するサービスです。就労継続支援Ａ型とは、雇用契約をしたうえで働きながら就労訓練を受けるサービスです。最低賃金以上の給与が支払われます。就労継続支援Ｂ型は、雇用契約のない就労訓練を受けるサービスです。アセスメントにより就労が難しいと判断された人が利用します。作業内容により賃金を得ることができますが、厚生労働省によると令和２年度の平均工賃は月あたり 15,776 円であり、しばしば賃金の低さが報じられます。就労移行支援とは、訓練を受けながら一般就労を目指すサービスです。また、進路先ではありませんが、上記就労系福祉サービスを利用後就労し、６か月を経た障害者が利用できる、就労定着支援というサービスがあります。

　③の生活介護とは、常時介護が必要な障害者に創作的活動や生産的活動を提供するサービスです。

　④のその他の訓練・入所施設等とは、常に介護を必要とする人に対して、ホームヘルパーが自宅を訪問し、入浴、排せつ、食事などの介護、調理、洗濯、掃除などの家事、生活等に関する相談や助言など、生活全般にわたる援助や外出時における移動中の介護を総合的に行う重度訪問介護や常に介護を必要とする人のなかでも、特に介護の必要度が高い人に対して様々なサービスを組み合わせて手厚く提供する重度障害者等包括支援等があります。

　⑤の進学をする生徒については高等学校と同様ですが、高等教育への進学率は極めて少ないのが現状です。

（4）知的障害特別支援学校（高等学校）卒業後に
就労の継続や生活の安定等の相談をする機関

　知的障害特別支援学校を卒業後、就労の継続をし、生活の安定等を図ることは、障害のある人の職業的自立や社会的自立にとって極めて重要な課題です。卒業時に自分のことをサポートする機関や利用できるサービスを提供するところを、理解できるようにすることが進路指導のポイントとなります。そのため、進路指導の一環として、在学時に顔合わせや登録をして、卒業後利用しやすくする指導なども就労の継続等につながります。ハローワークのように在学時から関わる機関もありますが、卒業後に利用者の希望に応じて利用する機関もあります。表8-6にまとめましたのでご覧ください。

　また、卒業後の生活を支えるサービスとして、障害のある人の入浴・排せつ・食事の介護等の日常生活の援助を行う共同生活援助（いわゆるグループホーム）というサービスもあります。また、余暇活動は、職業人としての生活を継続するうえで精神的な安定を高め、働く意欲を高める活動となります。障害者スポーツレクレーションセンターを中心とする団体、地方公共団体が行う青年学級、一般団体が行っている障害者スポーツやレクレーション・文化芸術活動等を学習活動の一環として調べ学び合うこと、可能な内容には在校時から参加を促すことなども進路指導のひとつと考えられます。

（5）知的障害特別支援学校高等部での進路指導・職業指導の実際

　次に、実際の3年間の学校生活を想定して、具体的にどのような積み重ねをしながら知的障害特別支援学校の高等部を卒業し、社会人・職業人として

表8-6　卒業後に就労の継続や生活の安定等の相談をする機関

①ハローワーク	・求職登録　・職業相談　・職業紹介　・定着指導
②地域障害者職業センター	・職業評価　・職業指導　・職業準備訓練 ・職場適応援助　・事業主に対する雇用管理の助言
③就業・生活支援センター	・就業面や生活面における一体的な支援
④障害者相談支援事業者	・全国に設置 ・サービスの利用援助や社会資源を活用するための支援、権利擁護のための援助、専門機関の紹介等

出典：筆者作成。

巣立っていくのか、指導者側の視点でみていきましょう。大切にしているポイントは、知的障害特別支援学校に入学する生徒及び保護者は中学校からの入学者も多いため、障害者の福祉や就労の制度等を含んだガイダンスやカウンセリング等をていねいに進めることです。

　高等部1年では、社会人としての基本的な生活習慣の確立を目指します。挨拶や身だしなみ、生活習慣、返事、大人としての日常会話等を毎日の学校生活で徹底していきます。また、一定時間持続して働く力がつくように「職業」「作業学習」等の教育課程をつくります。学校によっては特別週間として1〜2週間連続して「実習週間」等を設け、持続して働くことを教育課程に位置づけているところもあります。この時期に、保護者及び本人には、卒業後をイメージし、主体的な進路選択ができるように、保護者会やホームルーム活動で進路説明会等を行います。生徒本人に対しては特に、体験的な校内実習や現場実習により卒業後の生活のイメージをもてるようにしていくことが必要です。

　高等部2年生では、1年生で積み上げてきた基本的な生活習慣に加えて、時間を守ることや衛生に対する意識、報告・連絡・相談等の職業人としてのコミュニケーションの基本、健康管理や仕事に対する集中力を養い、社会人としての生活ができるように指導をしていきます。2年生では、異なる場所での現場実習等により、得意・苦手など自己の適性を見極め、主体的な進路選択ができるようにします。保護者も現場実習の様子を観察し、実際の働く現場での生徒の対応状況や実習先の客観的な評価を冷静に受け止めることができるようにしていきます。

　高等部3年生では、これまで培ってきた力に加えて、自分の生活を主体的につくろうとする態度や仕事に対する責任感を重点として指導します。現場実習は希望の進路先で行い、できること・できないことを見極め、主体的に進路選択をする学年です。希望の進路先で現場実習を行い、一般就労する場合に、就職先について、保護者と生徒本人とで意見が異なる場面がしばしば生まれます。知的障害の生徒にとっても保護者にとっても大きな選択となる場面ですから、迷うことがあったとしても、教員としては十分な時間を確保して納得できるようにしていくことが大切です。

進路先との移行支援、卒業後の相談先との移行支援を十分に行い、卒業後の生活の充実につなげることが大切です[15]。

引用・参考文献 ─────────────────────────

1) 文部科学省（2018）『小学校学習指導要領（平成29年告示）解説　総則編、特別活動編』東洋館出版社。
2) 文部科学省（2018）『中学校学習指導要領（平成29年告示）解説　総則編、特別活動編』東山書房。
3) 文部科学省（2019）『高等学校学習指導要領（平成30年告示）解説　総則編、特別活動編』東京書籍。
4) 文部科学省（2018）『特別支援学校幼稚部教育要領　小学部・中学部学習指導要領（平成29年4月告示）解説　総則編』海文堂出版。
5) 文部科学省（2020）『特別支援学校学習指導要領解説総則等編（高等部）平成31年3月』ジアース教育新社。
6) 中央教育審議会（2016）「幼稚園、小学校、中学校、高等学校及び特別支援学校の学習指導要領等の改善及び必要な方策等について（答申）（中教審第197号）」https://www.mext.go.jp/b_menu/shingi/chukyo/chukyo0/toushin/1380731.htm
7) 中央教育審議会（1999）「今後の初等中等教育と高等教育の接続の改善について（答申）」https://www.mext.go.jp/a_menu/shotou/career/05010502/001.htm
8) 中央教育審議会（2011）「今後の学校におけるキャリア教育・職業教育の在り方について（答申）」https://www.mext.go.jp/component/b_menu/shingi/toushin/__icsFiles/afieldfile/2011/02/01/1301878_1_1.pdf
9) 文部科学省初等中等教育局児童生徒課（2019）「『キャリア・パスポート』例示資料等について」https://www.mext.go.jp/a_menu/shotou/career/detail/1419917.htm
10) 文部科学省（2011）「小学校キャリア教育の手引き（改訂版）」https://www.mext.go.jp/a_menu/shotou/career/1293933.htm
11) 文部科学省（2011）「中学校キャリア教育の手引き」https://www.mext.go.jp/a_menu/shotou/career/1306815.htm
12) 国立特別支援教育総合研究所（2011）『特別支援教育充実のためのキャリア教育ガイドブック』ジアース教育新社。
13) 文部科学省初等中等教育局特別支援教育課（2021）「特別支援教育資料（令和2年度版）」https://www.mext.go.jp/a_menu/shotou/tokubetu/material/1406456_00009.htm
14) 千葉県立特別支援学校流山高等学園（2018）「実践のあゆみ　第21号（平成29年度研究紀要）」千葉県立特別支援学校流山高等学園。
15) 厚生労働省「障害福祉サービスについて」https://www.mhlw.go.jp/stf/seisakunitsuite/bunya/hukushi_kaigo/shougaishahukushi/service/naiyou.html
＊上記URLはすべて2022年5月15日最終閲覧。

（岡田哲也）

第 **9** 章

福祉的支援と生涯学習

　知的障害のある子どもの成長・発達を支えるのは、学校だけではありません。知的障害児者の教育・学習の場も、学校だけに限られません。知的障害者の生活や教育・学習に関しては、乳幼児期から成人期にかけて様々な福祉的支援が存在していますし、中等教育後の生涯学習の場も広がりつつあります（図9-1）。

1 乳幼児期の支援

（1）乳幼児健康診査
　子どもの障害は、出生後すぐに確認されることもありますが、乳幼児健康

	日中の活動の場		「余暇」の場
成人期	一般就労の場	福祉的就労の場など 福祉事業型専攻科 特別支援学校高等部専攻科	生涯学習の場 （青年学級、スポーツ、文化活動など）
学齢期	高等学校 中学校 小学校	特別支援学校高等部 特別支援学校中学部 特別支援学校小学部	放課後等デイサービス 学童保育
乳幼児期	保育所・幼稚園等	児童発達支援	
	（一般施策）　　（障害児者のため） **日中の活動の場**		（一般施策）　（障害児者のため） **「余暇」の場**

図9-1　知的障害児者のための社会的支援のイメージ

出典：筆者作成。

診査（乳幼児健診）を通して周囲が気づくこともあります。

　乳幼児健診は、当該年齢のすべての子どもを対象に市町村が実施するものです。母子保健法では、「満1歳6か月を超え満2歳に達しない幼児」と「満3歳を超え満4歳に達しない幼児」に対して市町村が健診を行わなければならない、とされています。そして、母子保健法施行規則では、表9−1のように健診の項目が示されています。

　母子保健法に規定された法定健診に加えて、それぞれの市町村で設定された時期に実施される乳幼児健診もあります。たとえば、京都市では4か月児・8か月児・1歳6か月児・3歳児を対象に健診が行われており、大津市では4か月児・10か月児・1歳9か月児・2歳6か月児・3歳6か月児を対象に健診が行われています。

　乳幼児健診は、子どもの成長・発達や保護者の子育てを支えるためのものです。乳幼児健診によって子どもの障害が早期に発見されれば、子どもや保護者に必要な支援が保障されやすくなります。障害の診断がされる前でも、子どもの発達に気がかりなところがあれば、「親子教室」のような支援の場に参加することができます。

　全国の乳幼児健診の実施状況は表9−2のとおりであり、全体として受診率は高く、法定健診の受診率は約95％に及んでいます[1]。しかし、受診率が

表9−1　乳幼児健診の項目

健診項目	1歳6か月児	3歳児
身体発育状況	○	○
栄養状態	○	○
脊柱及び胸郭の疾病及び異常の有無	○	○
皮膚の疾病の有無	○	○
眼の疾病及び異常の有無		○
耳、鼻及び咽頭の疾病及び異常の有無		○
歯及び口腔の疾病及び異常の有無	○	○
四肢運動障害の有無	○	○
精神発達の状況	○	○
言語障害の有無	○	○
予防接種の実施状況	○	○
育児上問題となる事項	○	○
その他の疾病及び異常の有無	○	○

出典：母子保健法施行規則より。

表 9-2　乳幼児健診の実施状況（2020 年度）

対象児	受診者数	受診率	精密健診受診者数
1〜2 か月児	222,648 人	86.1%	1,245 人
3〜5 か月児	848,634 人	94.0%	21,863 人
6〜8 か月児	317,587 人	83.7%	1,294 人
9〜12 か月児	627,726 人	84.3%	4,065 人
1 歳 6 か月児	893,980 人	95.2%	13,716 人
3 歳児	912,554 人	94.5%	65,030 人
4〜6 歳児	42,330 人	81.0%	2,351 人

出典：文献 1）より。

100％でないことには注意が必要です。障害のある子ども、様々な困難を抱える子どもが未受診者のなかに少なからず含まれている可能性があります。支援を必要とする子ども・保護者を見落とさない取組みが求められています。

（2）児童発達支援

　障害のある子ども、発達のために特別な支援が求められる子どもについては、療育を行う施設・事業所があります。少人数による活動のなかで、ていねいな指導や支援を行い、子どもの成長・発達を促そうとする取組みについて、「療育」という言葉が用いられてきました。障害者基本法の第 17 条（療育）においては、「国及び地方公共団体は、障害者である子どもが可能な限り身近な場所において療育を受けられるよう必要な施策を講じなければならない」とされています。

　療育のための制度である「児童発達支援」は、児童福祉法において、「日常生活における基本的な動作の指導、知識技能の付与、集団生活への適応訓練その他の厚生労働省令で定める便宜を供与すること」とされています。厚生労働省の資料によると、2022（令和 4）年 1 月には、児童発達支援が全国の約 9,600 カ所で実施されており、約 15 万 3,000 人が対象になっています[2]。

　子どもたちの療育に関して、地域の拠点として期待されているのは、児童発達支援センターです。2010（平成 22）年に児童福祉法等が改正されたことで、従来の知的障害児通園施設・難聴幼児通園施設・肢体不自由児通園施設が「一元化」され、児童発達支援センターの制度が発足しました。児童発達

支援センターは、子どもたちの発達支援に加えて、家族の支援や保育所等の支援なども行います。

　また、児童発達支援を行うものとしては、児童発達支援センターの他に、小規模な児童発達支援事業所があります。1972（昭和47）年に始まった心身障害児通園事業が、1998年に障害児通園事業になり、2003年からの児童デイサービス事業を経て、2012年に児童発達支援事業になりました。

　児童発達支援に通う子どもの通所のかたちは様々で、1日あたりの療育の時間の長さも一様ではありません。毎日のように児童発達支援センターに通う子どももいれば、週に1回だけ児童発達支援事業所に通う子どももいて、保育所等に在籍しながら療育に通う「並行通園」をしている子どもが少なくありません。また、保護者と子どもが一緒に通う「親子通園」もあれば、子どもだけが活動に参加する「単独通園」もあります。

　児童発達支援に通うことで、子どもは本人に合った支援を保障されやすくなります。また、保護者は、子どもについての理解を深めることができたり、障害のある子どもをもつ保護者同士の関係を築いていけたりします。

　なお、重度の障害のある子どもの居宅を訪問して療育を行うものとしては、居宅訪問型児童発達支援の制度が2018（平成30）年に創設されています。この制度を活用している子どもは、2022年1月の時点において全国で300人程度になっています。

（3）保育所等

　知的障害のある子どもが保育所・認定こども園・幼稚園などに通うことも少なくありません。

　保育所は、児童福祉法に基づく施設で、保護者の就労を支える役割をもっており、0歳から就学前の乳幼児が対象となります。一方、幼稚園は、学校教育法に規定されており、「満3歳から、小学校就学の始期に達するまでの幼児」が対象です。認定こども園は、保育所と幼稚園の両方の機能を併せもつような施設であるとされています。

　保育所については、「障害児保育実施要綱」に基づく補助金の制度が1974（昭和49）年に始まり、障害のある子どもの受入れが進んでいきました。

2003 年に補助金が一般財源化
されてからは、相対的に重い障
害があるとされる子ども（特別
児童扶養手当支給対象児童）の受
入れ人数があまり増えていない
ものの、多くの障害のある子ど
もが障害児保育の対象になって
います。内閣府の『障害者白
書』によると 2019 年の時点に
おいて全国で 7 万 7,982 人の子

表 9-3　障害児保育の実施状況

	障害児 受入 施設数	児童数
2012 年度	14,658 か所	50,788 人
2013 年度	15,087 か所	53,322 人
2014 年度	15,429 か所	56,096 人
2015 年度	16,098 か所	60,174 人
2016 年度	16,482 か所	64,718 人
2017 年度	17,595 か所	67,796 人
2018 年度	18,148 か所	73,098 人
2019 年度	18,947 か所	77,982 人

出典：文献 3）より。

どもについて「障害児保育」が実施されていますが（表9-3）、そのなかに
は知的障害のある子どもも含まれています[3]。

　児童発達支援と異なり、保育所等においては、知的障害のある子どもが障
害のない子どもと共に過ごすことになります。障害のある子どもと障害のな
い子どもが共に活動することに関しては、これまで「統合保育」という言葉
が一般に使われてきましたが、近年では「インクルーシブ保育」という言葉
が用いられることもあります。保育所等は、知的障害のある子どもが身近な
地域の子どもたちと共に育つ場として期待されたりもします。

　なお、保育所等に通う障害のある子どものための支援を行うものとして、
「保育所等訪問支援」があります。児童発達支援センター等の職員が保育所
等を訪問して、障害のある子どもについての指導・支援を行います。保育所
等訪問支援の制度は 2012 年に発足したものであり、実践の探求が課題に
なっています。

（4）就学に向けて

　知的障害のある子どもが小学校または特別支援学校小学部に就学する際に
は、就学先の決定が課題になります。

　学校教育法施行令第 22 条の 3 においては、特別支援学校における教育の
対象として想定される「障害者」の障害の程度が示されています。「就学基
準」と呼ばれてきたものです。知的障害者については、「一：知的発達の遅

滞があり、他人との意思疎通が困難で日常生活を営むのに頻繁に援助を必要
とする程度のもの。二：知的発達の遅滞の程度が前号に掲げる程度に達しな
いもののうち、社会生活への適応が著しく困難なもの」となっています。

　以前は、就学基準に該当する障害のある子どもは原則として特別支援学校
に就学するという制度になっていました。就学基準に該当しながらも小学校
や中学校に就学する「認定就学者」は、例外という位置づけでした。

　しかし、2013（平成25）年の学校教育法施行令改正により、就学先決定の
仕組みが改められました。就学基準（学校教育法施行令22条の3）は残され
ていますが、本人の教育的ニーズ、本人・保護者の意見、専門家の意見、学
校や地域の状況などを踏まえ、総合的な観点から就学先が決定されることに
なりました。「認定就学者」の制度は廃止され、特別支援学校に就学する子
どもが「認定特別支援学校就学者」となる仕組みになっています。

　最終的に就学先を決定するのは市町村の教育委員会とされていますが、学
校教育法施行令においても、就学先決定にあたっては市町村の教育委員会が
保護者の意見を聴くものとされています。就学先決定に関しては、本人・保
護者に対する情報の提供や本人・保護者の意見の聴取が強調されるように
なってきています。

　なお、就学に際しては、就学先の決定だけでなく、関係機関の連携による
円滑な移行も課題です。子どもの成長の過程や生活の様子、それまでの指
導・支援の内容などを記した「相談支援ファイル」の活用が推奨されてきま
した。保育所等での子どもの姿、保育所等においての配慮や有効だった支援
方法などを学校の教員が把握していると、学校における指導・支援の手がか
りになります。

② 学齢期の支援

(1) 放課後・休日の支援の重要性

　知的障害のある子どもが小学校や特別支援学校小学部に入学すると、日中
の主要な活動の場は学校になります。しかし、子どもは学校の中だけで生活
しているのではありません。知的障害のある子どもの豊かな生活と発達を保

障していくためには、放課後・休日の充実が求められます。

　かつては、障害のある子どもの放課後・休日についての社会的支援がほとんどありませんでした。1990年代に障害のある子どもの放課後・休日に関する実態調査が全国各地で実施され、そのなかでは極めて制限された生活の実態が共通して示されました[4]。放課後・休日を母親と過ごす子どもや一人で過ごす子どもが多いこと、テレビ・ビデオを観るなどして放課後・休日を過ごす子どもが多いこと、子どもが家の外に出かける機会が少ないことなどが明らかにされました。そのような生活実態を変えていくため、障害のある子どもの「放課後保障」の取組みが展開されてきました。

　放課後・休日の支援は、障害のある子どもの活動の幅を広げ、子どもの生活の質を向上させることができます。そして、そのことを通して、子どもの成長・発達を促すことができます。同時に、放課後・休日の支援があることで、保護者の就労が支えられますし、子どものケアについての保護者の負担が軽減されます。障害のある子どものケアを担う「きょうだい」（兄弟姉妹）の自由度が増すこともありますし、保護者がきょうだいのための時間をとりやすくなったりすることもあります。放課後・休日の支援は、障害のある子どもの家族にとっても大切な役割があります。

　知的障害のある子どもの放課後・休日の支援を日常的に行うものとしては、学童保育や放課後等デイサービスなどがあります。これらの事業について知り、必要な連携を進めていくことが、学校の教員に求められます。知的障害のある子どもについて「個別の教育支援計画」を策定する際にも、学童保育や放課後等デイサービスなどを視野に入れることが必要です。

(2) 学童保育

　知的障害のある小学生の放課後保障にとって重要なものとしては、学童保育（放課後児童クラブ）が挙げられます。「学童クラブ」「児童クラブ」など、自治体・地域によって多様な呼称が用いられていますが、児童福祉法に放課後児童健全育成事業として位置づけられているものです。放課後や学校休業日に子どもが通う場であり、子どもに遊びや生活の場を保障して発達を支援するとともに、保護者の就労を支えることを目的としています。学童保育は、

特別支援学級や特別支援学校に通う子どもが地域の子どもと共に過ごす場としても期待されることがあります。

　かつては「おおむね 10 歳未満の児童」が対象とされていましたが、2015（平成 27）年度からは「小学校に就学している児童」が対象となっており、特別支援学校に在籍している子どもが学童保育に通うこともあります。基本的には保護者が就労している家庭の小学生が対象ですが、障害のある子どもは保護者が就労していなくても学童保育に受け入れられている市町村もあります。

　厚生労働省の資料によると、全国の学童保育における障害のある子どもの受入れ人数は、表 9-4 のように、2011（平成 23）年に 2 万 1,534 人（9,788 か所）であったのに対し、2021 年には 5 万 0,093 人（15,564 か所）となっています[5]。10 年間で人数が 2 倍以上に増え、登録児全体に占める障害のある子どもの割合も 2.6％から 3.7％へと増加しています。指導員体制が概して不十分であることなど、学童保育における障害のある子どもの受入れには課題があるものの、多くの障害のある子どもが学童保育に通っています。

　ただし、厚生労働省が示す「受入れ人数」には、通常の学級に在籍する発達障害児も多く含まれています。特別支援学級や特別支援学校に在籍する知的障害児がどれくらい学童保育に通っているのかは、厚生労働省の資料からは把握できません。重い知的障害のある子どもの学童保育への受入れが十分

表 9-4　学童保育における障害のある子どもの受入れ状況

	受入れ 学童保育数		受入れ人数	
2005 年	5,087 か所	（33.5％）	10,979 人	［1.7％］
2007 年	6,538 か所	（39.2％）	14,409 人	［1.9％］
2009 年	8,330 か所	（45.1％）	18,070 人	［2.2％］
2011 年	9,788 か所	（47.6％）	21,534 人	［2.6％］
2013 年	11,050 か所	（51.4％）	25,338 人	［2.8％］
2015 年	12,166 か所	（53.8％）	30,352 人	［3.0％］
2017 年	13,648 か所	（55.5％）	36,493 人	［3.1％］
2019 年	14,605 か所	（56.4％）	42,770 人	［3.3％］
2021 年	15,564 か所	（57.8％）	50,093 人	［3.7％］

＊（　）内は全学童保育数に占める割合。［　］内は全登録児数に占める割合。
出典：文献 5）を元に作成。

に進んでいるとは限りません。学童保育は小学校の敷地内で行われていることが多く、特別支援学校から学童保育への移動をめぐる問題もあり、特別支援学校に在籍する子どもが学童保育に通うのは簡単ではありません。しかし、知的障害のある子どもが少なからず学童保育に通っていることも事実です。地域の学童保育の実態や、そこでの子どもたちの様子を知り、必要に応じて学童保育の指導員と連携していくことが、特別支援学校や小学校の教師には求められます。

（3）放課後等デイサービス

　学童保育が障害のない子どもも対象とするものであるのに対して、放課後等デイサービスは障害のある子どものためのものです。小学校・中学校・高等学校や特別支援学校などに就学している子どもが対象となります。児童福祉法においては、「授業の終了後又は休業日に（中略）生活能力の向上のために必要な訓練、社会との交流の促進その他の便宜を供与すること」が事業の内容とされています。

　放課後等デイサービス事業所の多くは、1日あたりの定員を10名としています。年齢や障害の異なる多様な子どもが通う事業所もあれば、小学生を中心とする事業所や中高生を中心とする事業所もあり、発達障害の子どもを主な対象とする事業所や重症心身障害児のための事業所などもあります。通所については、多くの事業所で自動車による送迎がされています。

　放課後等デイサービスの活動内容は多様であり、主に室内で活動している事業所もあれば、屋外での遊びを大切にしている事業所もあります。また、音楽活動やスポーツを取り入れているところなどもあります。厚生労働省が2015年に示した「放課後等デイサービスガイドライン」においては、「基本活動」として「自立支援と日常生活の充実のための活動」「創作活動」「地域交流の機会の提供」「余暇の提供」が挙げられ、「基本活動を複数組み合わせて支援を行うことが求められる」とされています。

　2012年に放課後等デイサービスの制度が発足して以降、事業所は全国的に急増してきました。2012年4月に約2,500か所であった事業所数は、2022年4月の時点で約1万8,500か所となっています[2]。そして、2022年4月に

は、約 29 万 9,400 人の子どもが放課後等デイサービスに通っています。

　学校と放課後等デイサービス事業所の連携については、放課後等デイサービスガイドラインにおいて、「放課後等デイサービスは、子どもに必要な支援を行ううえで、学校との役割分担を明確にし、学校で作成される個別の教育支援計画等と放課後等デイサービス計画を連携させる等により、学校と連携を積極的に図ることが求められる」とされています。学校との連携の具体的内容としては、ガイドラインでは、年間計画や行事予定の交換、送迎時の対応についての調整、子どもの病気・事故の際の連絡体制についての調整、学校の行事や授業参観への参加などが挙げられています。そして、文部科学省と厚生労働省のもとで 2018 年にまとめられた、「家庭と教育と福祉の連携『トライアングル』プロジェクト——障害のある子と家族をもっと元気に」の報告においても、障害のある子どもに係る福祉制度について学校の教職員に周知することや、学校と放課後等デイサービス事業所との連携を強化することなどが求められています[6]。

（4）学校の部活動

　学校の部活動も、知的障害のある子どもの生活を考えるうえで視野に入れておくべきものです。

　中学校では、特別支援学級に在籍する知的障害のある生徒が部活動に参加することもあります。障害のある生徒の部活動への参加について、必要な配慮や支援を考えていくことが求められます。

　また、特別支援学校における部活動のあり方も考えなければなりません。部活動を実施している特別支援学校も少なくないものの、特別支援学校においては概して部活動が活発ではありません。部活動が行われている学校であっても、下校にスクールバスを必要とする生徒は部活動に参加できないということがあります。

　知的障害のある子どもが必ず部活動に参加しなければならないわけではありませんが、一般的には部活動が学校生活の重要な部分になることが多い現状において、知的障害があることによって部活動の機会が制限されてしまうことに問題がないとはいえません。知的障害のある生徒が参加できるような

部活動の拡充を検討する必要があります。

③　成人期にかけての支援

(1) 進路の実態

　文部科学省の資料によると、特別支援学校中学部（知的障害）の卒業者は、98.3%（7,740人のうち7,607人）が特別支援学校高等部に進学しています[7]。一方、中学校の特別支援学級の卒業者は、45.4%が特別支援学校高等部に進学していますが、49.1%は高等学校等に進学しています。軽度の知的障害のある生徒が高等学校等に在籍することも珍しくはありません。

　知的障害のある生徒が高等学校等を卒業した後の進路は把握が難しいのですが、特別支援学校高等部（知的障害）の卒業者の進路は表9-5のとおりです[8]。

　企業等に就職する「就職者等」は、近年では全体の3割を超えています。そして、高等部卒業後に「社会福祉施設等」に通所（または入所）するようになる人が約6割です。3年間の後期中等教育を終えた知的障害者は、多くが「社会人」になっています。

　職業能力開発校等に進む人は少なく、「進学者」は1%にも及びません。

表9-5　特別支援学校高等部（本科）卒業後の状況

	卒業者	進学	教育訓練機関等	就職	社会福祉施設等	その他
2000年	8,205人	60人 (0.7%)	188人 (2.3%)	2,216人 (27.0%)	4,761人 (58.0%)	980人 (11.9%)
2005年	9,899人	78人 (0.8%)	294人 (3.0%)	2,299人 (23.2%)	5,797人 (58.6%)	1,431人 (14.5%)
2010年	12,191人	82人 (0.7%)	300人 (2.5%)	3,261人 (26.7%)	8,010人 (65.7%)	538人 (4.4%)
2015年	17,522人	73人 (0.4%)	267人 (1.5%)	5,515人 (31.5%)	11,002人 (62.8%)	665人 (3.8%)
2020年	19,654人	83人 (0.4%)	252人 (1.3%)	6,754人 (34.4%)	11,744人 (59.8%)	757人 (3.9%)

出典：文献8) より。

一方で、令和2年度学校基本調査によれば、高等学校等の卒業者の58.6%が大学・短期大学に進学しており、24.0%が専門学校に進学しています[9]。知的障害の有無によって中等教育後の教育機会に大きな差が生じていることがわかります。このことは、教育をめぐる差別的実態であるといえます。

(2) 就労の支援

1) 一般就労

障害のある人が企業等で働くことは、「一般就労」と呼ばれます。

日本では、障害者雇用促進法のもと、一定数以上の従業員を雇用する事業主は、法定雇用率以上の割合で障害のある人を雇用しなければならないこととされています。法定雇用率は、2021（令和3）年に引き上げられ、民間企業では2.3%、国・地方自治体は2.6%、都道府県等の教育委員会は2.5%となりました。法定雇用率を達成できていない企業は、未達成の人数に応じて障害者雇用納付金を徴収されます。

知的障害のある人の一般就労を実現していくうえでは、障害者雇用の仕組みを活用することが求められます。

ただし、知的障害のある人が学校卒業後に企業に就職できたとしても、就労を安定的に継続できるとは限りません。知的障害のある人が特別支援学校高等部を卒業した後の進路に関しては、就職してから数年の間に離職する人が多いことが課題として認識されてきました。離職そのものが一概に問題なわけではありませんが、職場での人間関係などを理由に、つらい経験をして離職に至る人も少なくありません。

また、事業所・施設に通所して働くことに比べると一般就労の賃金は高い傾向にありますが、2018年に厚生労働省が実施した障害者雇用実態調査によれば、企業で働く知的障害者の1カ月の平均賃金は11万7,000円となっています[10]。十分な賃金が保障されているわけではありません。雇用形態をみても、「無期契約の正社員」が18.4%である一方で、「有期契約の正社員以外」は39.1%に及んでおり、不安定な雇用形態が多いのが実態です。

知的障害のある子どもの学校教育において、一般就労に向けての取組みは重要ですが、とにかく就職させればよいということではありません。一人ひ

とりの知的障害のある人に合った職場を見極めること、学校卒業後に知的障害のある人を支える仕組みを確立することも課題です。

さらに、障害者雇用の仕組みをめぐる課題に目を向けておくことも求められるでしょう。2021 年の時点で、法定雇用率を達成している企業は 47.0%であり、およそ半数の企業において法定雇用率が達成されていません。都道府県等の教育委員会の法定雇用率達成割合も 50.5%にとどまっています[11]。

2) 福祉的就労

障害のある人が事業所・施設で働くことは、「福祉的就労」と呼ばれます。

福祉的就労に関しては、1970（昭和 45）年頃から共同作業所づくり運動が全国に広がってきました。障害の重い人の働く場が整備されておらず、障害のある人が多く「在宅」になっていた状況のなかで、親や教師などが中心になって、障害のある人が働く共同作業所をつくってきたのです。そうした「作業所」の多くは、障害のある人のための他の法定施設とともに、2000 年代以降の制度改変によって、現行の制度のなかに移行していくことになりました。

現在、特別支援学校高等部の卒業者（知的障害）の主要な進路のひとつになっているのが、障害者総合支援法に基づく就労継続支援 B 型の事業所です。パンづくり・菓子づくりと販売、喫茶店・軽食店の運営、布製品づくり、農作業、建物の清掃、各種の下請けの仕事など、仕事の内容は様々です。

就労継続支援 B 型の事業所には雇用契約が求められませんが、就労継続支援 A 型の事業所においては、雇用契約に基づいて障害のある人が働くことになります。原則的には最低賃金の制度の対象になるため、就労継続支援 B 型の平均工賃に比べて、就労継続支援 A 型の平均賃金は高くなっています。

また、「生活介護」の事業所は、重い知的障害のある人が学校を卒業した後の主要な進路になっています。生活介護の事業所においても、「創作的活動」や「生産活動」が取組まれています。

このように知的障害のある人が働く事業所・施設がつくられてきていることは重要ですが、そこで働くことで得られる賃金・工賃は十分なものではありません。厚生労働省の資料によると、2020（令和 2）年度において、就労継続支援 A 型事業所の平均賃金は月額で 7 万 9,625 円にとどまっています[12]。

153

就労継続支援B型事業所の平均工賃は月額で1万5,776円であり、障害基礎年金の制度があるとはいえ、障害のある人の所得保障には課題があります。

　もっとも、賃金・工賃を得ることだけに就労の意義があるのではないことは、確認しておいたほうがよいでしょう。共同作業所づくり運動のなかでは、労働を通して人間的な成長を実現していくこと、仲間との関係を豊かにしていくことが重視されてきました。働きがいがあれば賃金・工賃が低くてもよいということではありませんが、賃金・工賃の額という面だけで知的障害のある人の就労を考えることはできません。

(3) 生涯学習の支援

1) 特別支援学校高等部専攻科

　特別支援学校高等部を卒業した後に進学する知的障害者は少ないのが現状ですが、進学する人がいないわけではありません。貴重な進学先になっているものとして、特別支援学校高等部の専攻科があります。

　専攻科は、学校教育法に規定されているものです。特別支援学校高等部においては、3年間の「本科」の課程に加えて、2年間程度の課程として「専攻科」を置くことができます。「社会人」になるのを急がされることなく、障害のある若者が時間をかけて成長・発達していくうえで、高等部専攻科の存在は重要です。

　視覚障害者を対象とする特別支援学校（盲学校）や、聴覚障害者を対象とする特別支援学校（聾学校）では、主に職業教育の課程として高等部専攻科が設置されてきました。そのため、視覚障害のある生徒、聴覚障害のある生徒は、高等部（本科）を卒業して専攻科に入ることが珍しくありません。

　一方で、知的障害者を対象とする特別支援学校（養護学校）においては、高等部専攻科がほとんど設置されてきませんでした。数少ない私立の特別支援学校や、鳥取大学附属特別支援学校では高等部専攻科が設置されているものの、公立の特別支援学校においては、知的障害者を対象とする高等部専攻科が存在していないのが現状です。

2)「福祉事業型専攻科」

　公立の特別支援学校において高等部専攻科の設置が進まないなか、障害者

総合支援法に基づく福祉制度を活用して知的障害者の「学びの場」がつくられるようになりました。「福祉事業型専攻科」と呼ばれたりするものです。

2008（平成20）年に和歌山県で「フォレスクール」が発足したのを先駆として、自立訓練事業の制度に依拠する「福祉事業型専攻科」が全国各地に広がりました[13]。自立訓練事業は、障害者総合支援法において、「障害者につき、自立した日常生活又は社会生活を営むことができるよう（中略）身体機能又は生活能力の向上のために必要な訓練その他の厚生労働省令で定める便宜を供与すること」と定められているもので、基本的には2年が制度利用の年限とされています。この制度を活用することによって、実質的に高等部専攻科に代わるような教育・学習の場をつくることが試みられてきたのです。

近年では、自立訓練事業と就労移行支援事業とを組み合わせて4年間の教育・学習を保障する取組みや、生活介護の制度を活用することによって障害の重い若者の「学びの場」をつくる取組みなどもみられます。

そうした「学びの場」での活動内容は様々です。日常生活に関すること、読み書きや計算に関すること、仕事に関すること、性に関することなどもありますし、スポーツや調理活動なども行われています。ダンス、演劇、音楽、美術などの活動もみられます。「自主研究」「研究ゼミ」のようなかたちで、自分の興味・関心のあるテーマについて調べて発表するといったこともあります。

知的障害のある若者の教育・学習の機会の拡充のためには、公立の特別支援学校における高等部専攻科の設置も求められますが、少なくとも当面は「福祉事業型専攻科」の取組みが重要になります。

もっとも、制度的な背景により、「福祉事業型専攻科」の職員体制は概して貧弱です。施設・設備も制約されており、運動場・体育館や、音楽室・美術室・調理室・作業室・図書室等があるわけではありません。給食があるとも限りません。また、障害者総合支援法に基づく「利用料（自己負担）」は発生しないことが多いものの、「福祉事業型専攻科」に通う人は交通費等を自己負担しなければなりません。

それでも、知的障害のある人の後期中等教育後の「学びの場」が限られているなか、「福祉事業型専攻科」には小さくない役割があります。

3) 生涯学習の場

特別支援学校高等部専攻科や「福祉事業型専攻科」は、主には高等部（本科）を卒業した若者のためのものとして考えられているといえるでしょう。

一方で、教育・学習の権利は、子ども・若者だけのものではありません。障害者権利条約の第 24 条（教育）でも、「あらゆる段階におけるインクルーシブな教育制度及び生涯学習」が求められており、「締約国は、障害者が、差別なしに、かつ、他の者との平等を基礎として、一般的な高等教育、職業訓練、成人教育及び生涯学習を享受することができることを確保する」とされています。知的障害のある人の生涯学習の権利の保障も、軽視されてはならない課題です。

知的障害のある人が参加する生涯学習の場としては、例えば、障害者青年学級の取組みがあります。活動内容は様々ですが、月に 1 回か 2 回の頻度で休日に音楽活動・スポーツ・料理・工芸・レクリエーションなどを行っていたりします。自治体によっては、公民館の事業として実施されてきました。「青年学級」と呼ばれますが、壮年期・高齢期にある知的障害者が参加していることもあります。

大学において知的障害のある人のための公開講座を行う取組みも、生涯学習の機会を広げるものとして注目されてきました。また、大学関係者が運営を担う「オープン・カレッジ」も、知的障害のある人が参加するものとして展開されてきました。「学校卒業後における障害者の学びの推進に関する有識者会議」が 2019 年にまとめた報告においても、大学が障害者の生涯学習に役割を果たすべきことが述べられています[14]。

知的障害のある人の当事者活動としての「本人の会」も、生涯学習の場としての側面をもつことが少なくありません。知的障害児者の親の会「全日本手をつなぐ育成会」の全国大会では 1994 年から「本人部会」が開催されるようになりましたが、欧米の活動の影響も受けながら、日本においても知的障害のある人の「本人の会」がつくられてきています。

また、野球・フットサルといったスポーツができる場、音楽・ダンス・太鼓・書道などのサークル活動の場も、知的障害のある人の生涯学習の場として重要な役割をもっています。知的障害のある人たちによる演劇・人形劇な

どの劇団の活動も、生涯学習の取組みとして考えることができるものです。

　知的障害のある人が日常的に参加できる生涯学習の場があることは、余暇の充実につながりますし、障害のある人の仲間づくりにもつながります。そうしたことによって生活全体が支えられるのであり、知的障害のある人の暮らしや就労にとっても生涯学習の場は大切です。

　ただし、知的障害のある人が参加しやすい生涯学習の場は、どのような地域にも普遍的に存在しているわけではありません。生涯学習のための社会資源の拡充は、今後の課題といえます。

　知的障害のある人の生涯学習の充実に関して、学校にできることを考えていくことも大切でしょう。これまでには、特別支援学校が母体となって卒業生の余暇活動の機会がつくられることもありました。生涯学習の場についての情報提供も、学校の役割として期待されます。

(4) 移行支援

　学校は、知的障害のある人の「学校から社会へ」「子どもから大人へ」の移行（トランジション：transition）を支えることになります。

　このトランジションをめぐる議論に大きな影響を与えたのは、OECD ／ CERI（経済協力開発機構／教育研究革新センター）の一連の刊行物です。1986年に出された『障害のある青年——成人への道』では、次のような3つの段階を含むものとしてトランジションがとらえられています[15]。

　①学校における最後の数年
　②継続教育や職業訓練
　③成人生活の最初の時期

　トランジションは、「就職」というような瞬間的・短期的な出来事ではなく、何年にもわたる継続的・長期的な過程です。後期中等教育は、その全体がトランジションの過程に含まれると理解することもできます。

　そして、OECD ／ CERI が1991年に刊行した『障害青年——学校から仕事へ』では、「成人であること（adulthood）」に関わるものとして、次の4領域が挙げられています[16]。

　①個人としての自律と自立

②生産的活動

③社会的交流、コミュニティへの参加、レクリエーションや余暇活動

④家族のなかでの役割

　注目が求められるのは、「生産的活動」だけが「成人であること」を構成しているのではないという点でしょう。学校教育においては「学校から仕事へ」の移行に関心が集まりがちですが、居住の場での暮らしや、生涯学習の場への参加などにも目を向けておくことが求められます。

　学校の教師は、幅広い視野をもちながら、知的障害のある人のトランジションを支えていく必要があります。

引用・参考文献 ─────────────────────────────────

1）厚生労働省（2022）「令和2年度地域保健・健康増進事業報告の概況」https://www.mhlw.go.jp/toukei/saikin/hw/c-hoken/20/index.html

2）厚生労働省（各年）「4　障害福祉サービス等の利用状況について」https://www.mhlw.go.jp/stf/seisakunitsuite/bunya/hukushi_kaigo/shougaishahukushi/toukei/index.html

3）内閣府（2021）『障害者白書　令和3年版』勝美印刷、60頁。

4）丸山啓史（2020）「子どもの放課後・休日と地域社会」、日本特別ニーズ教育学会編『現代の特別ニーズ教育』文理閣、232–239頁。

5）厚生労働省（各年版）「放課後児童健全育成事業（放課後児童クラブ）の実施状況」。

6）家庭と教育と福祉の連携「トライアングル」プロジェクトチーム（2018）「家庭と教育と福祉の連携『トライアングル』プロジェクト報告―障害のある子と家族をもっと元気に」https://www.mext.go.jp/a_menu/shotou/tokubetu/material/1404500.htm

7）文部科学省初等中等教育局特別支援教育課（2021）「特別支援教育資料（令和2年度版）」https://www.mext.go.jp/a_menu/shotou/tokubetu/material/1406456_00009.htm

8）文部科学省初等中等教育局特別支援教育課「特別支援教育資料（各年）」https://www.mext.go.jp/a_menu/shotou/tokubetu/1343888.htm

9）文部科学省（2020）「令和2年度学校基本調査（確定値）の公表について」https://www.mext.go.jp/content/20200825-mxt_chousa01-1419591_8.pdf

10）厚生労働省職業安定局障害者雇用対策課地域就労支援室（2019）「平成30年度障害者雇用実態調査結果」https://www.mhlw.go.jp/content/11601000/000521376.pdf

11）厚生労働省（2021）「令和3年　障害者雇用状況の集計結果」https://www.mhlw.go.jp/stf/newpage_23014.html

12）厚生労働省（2021）「令和2年度工賃（賃金）の実績について」https://www.mhlw.go.jp/content/12200000/000859590.pdf

13）丸山啓史（2015）「知的障害のある青年の中等教育後の教育・学習――自立訓練事業に着目して」、『SNEジャーナル』第21巻、59–73頁。

14）学校卒業後における障害者の学びの推進に関する有識者会議（2019）「障害者の生涯学習の推進方策について——誰もが、障害の有無にかかわらず共に学び、生きる共生社会を目指して」https://www.mext.go.jp/b_menu/shingi/chousa/shougai/041/toushin/1414985.htm

15）OECD/CERI（1986）*Young People with Handicaps: The Road to Adulthood.*

16）OECD/CERI（1991）*Disabled Youth: From School to Work.*

＊以上の URL はすべて 2022 年 8 月 30 日最終閲覧。

（丸山啓史）

第 **10** 章

家族支援の現状と課題

　知的障害のある子どもの教育に関しては、家族の支援を考えていくことも大切です。親、きょうだいなどが気持ちの面でも生活の面でも支えられることによって、知的障害のある子どもの生活も豊かなものになり、学校教育が力を発揮しやすくなるでしょう。

1　親による障害理解と子ども理解

（1）親による子どもの障害の受けとめ

　子どもの障害を親が受けとめていく過程を支えることも、家族支援の一環といえます。

　自分の子どもに障害があることを知って動揺しない親は少ないでしょう。障害のある子どもの親による「障害受容」については、日本だけでなく海外でも従来から高い関心が向けられ、様々な研究や議論が展開されてきました。

　有名なものとしては、ドローター（D. Drotor, 1945-2017）らが 1975 年に示した「段階説」があります[1]。ドローターらは、時間の経過とともに「Ⅰ．ショック」「Ⅱ．否認」「Ⅲ．悲しみと怒り」「Ⅳ．適応」「Ⅴ．再起」という 5 段階を親が経験していくと考えました。

　一方、オーシャンスキー（S. Olshansky）は、ドローターらより前の 1962年に、知的障害のある子どもの親の「慢性的悲哀」について述べています[2]。親による子どもの障害の受けとめは「障害受容」に到達して終わるものではなく、きっかけがあると内面の悲哀が再び強まるとして、それを自然なことと考えたのです。

また、中田洋二郎は、障害を肯定する気持ちと障害を否定する気持ちの両方の感情が親には常に存在するとして、「障害の肯定（適応）」と「障害の否定（落胆）」とが交互に現れながら「適応の経過」が進行していくという「螺旋形モデル」を提示しています[3]。

　親が子どもの障害を受けとめていく過程をどのようなモデルで考えるにせよ、親の「ショック」「否認」「悲哀」「障害の否定」などは不自然ではないことを理解しておく必要があるでしょう。また、後戻りすることなく直線的に「障害受容」に向かっていくことを親に期待するべきではないでしょう。

　子どもの障害についての受けとめは親それぞれで異なりますし、子どもの障害に関して親は様々な感情をもちます。教師等が親に対して一方的に「障害受容」を求めることは慎まなければなりません。

　教師・医師・看護師・施設職員などによる不用意な言動は、親を傷つけることがありますし、教師等に対する保護者の不信感にもつながりかねません。腫れ物に触るようなふるまいが望ましいわけではありませんが、親の思い・気持ちに共感的に向き合う姿勢が、教師等には求められるでしょう。

　なお、親による子どもの障害の受けとめに関しては、子どものケアを中心的に担うことの多い母親の「障害受容」に関心が偏る傾向がありますが、父親に目を向けていくことも必要です。また、祖父母が子育てに関与することの多い実態を踏まえると、祖父母の支援についても検討が求められます。

（2）支援者の役割

　親・保護者による障害のある子どもの受けとめに関して、教師等はどのような役割を担うことができるでしょうか。

1）保護者の話を聴くこと

　まずは保護者の話をしっかり聴くことが大切になるでしょう。障害のある子どもについての「正しい認識」であっても、それを支援者が保護者に押しつければよいというものではありません。保護者支援・家族支援とは、単に保護者・家族を指導するということではありません。保護者が話すことすべてに同意する必要はないとしても、保護者の思いを理解しようとする姿勢が支援者には求められます。保護者の思いを理解しようとする支援者がいると

感じられることは、それ自体が保護者にとって心の支えになります。

そして、保護者の思いを知ることで、支援者は保護者との関わり方を考えることができますし、支援者と保護者との信頼関係も深まっていくはずです。

2)「子ども理解」を共有すること

保護者との信頼関係を築いていきながら、学校等での子どもの姿をていねい保護者に伝え、保護者との間で「子ども理解」の共有を進めていくことも、支援者に期待される大切な役割です。

ここでの「子ども理解」とは、「子どもの障害の理解」にとどまるものではありません。「子どもの障害の理解」も「子ども理解」の一部ですが、障害の特性を理解するだけでは、子どもを全体として理解することにはなりません。また、子どもの困難や否定的側面を伝えるだけでは、保護者による子どもの見方が否定的になっていく危険性もありますし、支援者に対する保護者の不信感を高めかねません。

子どもの好きなこと、得意なこと、興味をもっていることなどを支援者がつかみ、保護者と共有していくことが大切です。子どもの成長が感じられた出来事、子どもが新しくできるようになったこと、魅力的にみえた子どものふるまいなども、支援者と保護者とで共有したい事柄です。保護者との話、連絡帳、「おたより」などを通して、子どもの肯定的な姿を支援者が保護者に伝えることで、保護者とともに子どもの育ちを確かめることができ、保護者の「子ども理解」が豊かになっていきます。

3) 保護者同士の関係づくりを支えること

保護者同士の関係も、保護者が障害のある子どもを受けとめていくうえでの支えになります。障害のある子どもの保護者と障害のない子どもの保護者との関係も大切ですが、障害のある子どもの保護者同士の関係づくりも重視されるべきものです。保護者同士の関係づくりを援助することも、支援者に求められる役割だといえるでしょう。

自分の経験や思いに共感してくれる仲間、子育てに関わる悩みを話しやすい仲間の存在は、保護者にとって貴重なものです。また、保護者同士の交流を通して、子育ての方法や社会資源の活用についての理解を保護者が深めていくこともできます。「先輩」である保護者と話をすることで、先の見通し

がもちやすくなったり、自分の子どもの育ちを前向きに考えられたりすることもあります。

　児童発達支援の場においては、保護者同士の話合いの機会や、保護者が集まる学習の機会がつくられていることがあります。学校においても、保護者が参加・参観する行事や、保護者が集まる懇談会、PTA の活動などは、保護者同士の関係が育まれる機会になります。支援者や支援機関には、保護者同士の関係づくりを促すような取組みが求められます。

② 当事者の会

(1)「親の会」の役割

　障害のある子どもの親・保護者による「親の会」の存在も、障害のある子どもの保護者にとって重要なものです。

　知的障害児者の親の会としては、「手をつなぐ育成会」があります。知的障害のある子どもをもつ 3 人の母親によって「精神薄弱児育成会（手をつなぐ育成会）」が 1952（昭和 27）年に結成され、それ以降に各地域でも「手をつなぐ育成会」が発足しました。現在は、一般社団法人「全国手をつなぐ育成会連合会」が活動しており、月刊の機関誌『手をつなぐ』をはじめ、知的障害児者の生活に関する書籍の刊行を行っているほか、国に対する要望や研修会の開催などにも取り組んでいます。

　このような親の会の活動を通して、障害のある子どもの親同士・保護者同士が関係を築いていくことができます。そして、障害のある子どもの保護者は、様々な学習の機会が得られたり、障害児者と家族に関わる情報を得られたりします。また、親の会が施設づくり・施設運営の母体になることもありますし、障害のある子どもが参加できるイベント等を親の会が開催することもあります。さらに、国・地方自治体の施策についての提言・要望を行うといった役割も、親の会は担うことができます。

　知的障害児者の親の会としては「手をつなぐ育成会」が代表的な組織になっていますが、ダウン症児者の親の会や、自閉症児者の親の会など、障害の種別ごとの親の会や地域ごとの親の会などもあります。

　また、障害のある子どもが通う事業所・施設の保護者会なども、保護者どうしの関係づくりを促し、部分的には親の会に似た役割を果たすことがあります。保護者会というかたちでなくても、障害のある子どもの家族が集まる機会がつくられていると、保護者同士の結びつきが促されるでしょう。

　学校のPTA活動も、保護者の負担を大きくする可能性はありますが、保護者同士の関係づくりを支えるものにすることができます。学校での懇談会なども、保護者同士が話をする機会になります。保護者同士が交流しやすい環境を意識的につくることも、学校に求められる役割です。

　保護者の孤立を生まないような仕組みをつくっていくことが必要です。

(2)「きょうだいの会」の役割

　障害のある子どもの兄弟姉妹（きょうだい）のことを考えるのも大切です。障害のある子どもの家族は、親・保護者だけではありません。障害のある子どもには、きょうだいがいることもあります。

　そして、障害児者のきょうだいは、「きょうだい」であることによる困難や悩みを抱えることが少なくありません。例えば、親が障害のある子どものケアに集中しがちで寂しい思いをする、障害のあるきょうだいがいることで我慢しなければならないことが多い、通常以上に「よい子」であることを期待されるのが負担になる、障害のあるきょうだいのことを自分の友人にどう伝えるか迷う、といったことがあります。また、「きょうだい」が成長していくなかでは、進路や結婚についての不安や悩みが生じる場合もありますし、「親なき後」のことが課題になる場合もあります[4]。

　そうしたなかで、障害児者のきょうだいによって、「きょうだいの会」がつくられてきました。「きょうだい」同士であるからこそ話しやすいこと、共感しやすいこと、理解し合いやすいことがあります。「きょうだいの会」は、障害児者のきょうだいにとっての貴重な場になり得ます。

　全国規模の「きょうだいの会」としては、1963（昭和38）年に「全国心身障害者をもつ兄弟姉妹の会」が結成されました。1995年に改称されて「全国障害者とともに歩む兄弟姉妹の会（全国きょうだいの会）」になっており、「きょうだい」の交流をはじめ、「きょうだい」をめぐる問題についての調査

研究や啓発活動などを進めています。

　地域ごとの「きょうだいの会」もあり、近年ではインターネットやSNSを活用して「きょうだい」が交流するような取組みもみられます。また、障害児者の支援を行う事業所・施設が「きょうだい」の交流会を開催するようなこともあります。

　もちろん、「きょうだいの会」への参加は、強要されるべきものではありません。障害のある子どものきょうだいであることから距離を置いて、「きょうだい」が自由に生きられることも大切です。しかし、「きょうだいの会」が存在していることは重要ですし、その存在を「きょうだい」が知れるようにしていくことが望まれます。

　学校の教師は、障害のある子ども本人のことだけでなく、「きょうだい」のことも視野に入れておくべきでしょう。

③ 子ども・家族を支える仕組み

（1）療育手帳

　障害のある子どもと家族を支える仕組みにも目を向けたいと思います。

　日本には３種類の障害者手帳の制度が存在しており、身体障害者については「身体障害者手帳」、精神障害者については「精神障害者保健福祉手帳」があり、知的障害者については「療育手帳」があります（「知的障害者手帳」ではありません。２章の資料も参照）。

　療育手帳の制度は、「知的障害児（者）に対して一貫した指導・相談を行うとともに、これらの者に対する各種の援助措置を受けやすくするため」のものとされています（療育手帳制度要綱）。1973（昭和48）年の厚生省通知「療育手帳制度について」に基づいて、知的障害児（者）に療育手帳が交付されてきました。「愛の手帳」「みどりの手帳」など、独自の呼称が用いられている地方自治体もあります。

　療育手帳の制度は、法律に基づくものではなく、運用には都道府県による差異がみられます。障害の程度の区分も、都道府県によって異なっており、基本的には重度（A）とそれ以外（B）に区分されるのですが、例えば東京都

では1度（最重度）・2度（重度）・3度（中度）・4度（軽度）という4区分になっており、大阪府ではA（重度）・B1（中度）・B2（軽度）という3区分になっています。

　知的障害についての判定は、18歳未満の子どもに関しては、児童相談所が行います（18歳以上の人については、知的障害者更生相談所が判定を行います）。基本的には、年齢に応じて一定期間ごとに再判定がなされ、療育手帳が更新されることになります。

　児童発達支援や放課後等デイサービスのような制度を活用するために療育手帳が不可欠なわけではなく、障害児支援の制度の活用は療育手帳の所持を要件とするものではありませんが、療育手帳を所持していると制度・社会資源を活用しやすくなります。また、療育手帳を所持していると、本人や付添者（介護者）は、公共交通機関の運賃や博物館等の入場料などについて割引を受けられることがあります。そして、療育手帳の所持は、障害者雇用の制度の活用にもつながります。知的障害の軽い子どもの教育・支援においては、療育手帳の取得を支えることが課題になる場合もあります。

（2）障害のある子どもについての経済的支援

1）障害のある子どもと経済的困難

　障害のある子どもの家庭に対する経済的支援も、障害のある子どもの成長・発達にとって重要なものです。家庭が経済的困難を抱え、子どもと家族の生活が制約されるなかでは、障害のある子どもの成長・発達にも否定的な影響が及びかねません。

　日本においては、「子どもの貧困」が2000年代後半から社会問題として注目されてきたように、経済的困難に直面している子ども・家族が少なくありません。2013（平成25）年には「子どもの貧困対策の推進に関する法律」が成立しましたが、「子どもの貧困」は依然として大きな問題であり続けています。

　そして、子どもに障害があることは、家庭が経済的困難に陥るリスクを高めます。その主な理由のひとつは、子どもの障害に関係して、保護者の就労が困難になる場合があることです。子どもが定期的な通院や頻繁な入院を必

要としていたり、子どもの乳幼児期に親子通園（母子通園）が求められたり
すると、特に母親の就労が困難になりがちです。子どもの就学後も、学校に
通う子どもの送迎を保護者が行わなければならない場合がありますし、放課
後や夏休み等に子どもをケアする社会資源がなければ保護者の就労が難しく
なります。そのような就労の制約が、家庭の経済的困難を生む要因になるの
です。

　障害のある子どもの保護者が就労しやすい仕組みをつくることも必要です
が、同時に、障害のある子どもの家庭に対する経済的支援も大切です。障害
のある子どもについての手当等が十分に活用されていくことも求められます。

2）特別児童扶養手当

　障害のある子どもについての手当としては、特別児童扶養手当があります。
1964（昭和 39）年に成立した法律に基づくもので、20 歳未満の「精神又は
身体に障害を有する児童」を家庭で監護・養育している父母等に支給されま
す（特別児童扶養手当等の支給に関する法律）。子どもの障害の程度によって 1
級と 2 級に区分されており、支給月額は 1 級で 52,400 円、2 級で 34,900 円
とされています（2022 年 4 月現在）。受給については、所得制限があります。

　中学生までの子どもを養育している人を対象とする児童手当や、ひとり親
家庭を対象とする児童扶養手当は、特別児童扶養手当と併せて受給すること
ができます。

　なお、20 歳以上の障害者については、障害基礎年金の制度が存在しており、
障害のある本人に対して、1 級で 81,020 円、2 級で 64,816 円が支給されます
（2022 年 4 月現在）。障害基礎年金について、知的障害のある本人が学んでお
くことも大切です。

3）障害児福祉手当

　障害児福祉手当は、「精神又は身体に重度の障害を有する児童」の福祉を
増進することを目的として、1986（昭和 61）年に創設されたものです（特別
児童扶養手当等の支給に関する法律）。重度の障害のために日常生活において
常に介護を必要とする状態にある 20 歳未満の在宅障害児に支給されます。
所得制限はありますが、受給資格が認定されると月額 14,850 円が支給され
ます（2022 年 4 月現在）。

　この障害児福祉手当は、児童手当・児童扶養手当・特別児童扶養手当と併せて受給することができます。

　なお、20歳以上の障害者については、特別障害者手当があり、受給が認められると月額27,300円が支給されます（2022年4月現在）。

4) 就学奨励費

　障害のある子どもの学校教育に関する経済的支援としては、就学奨励費の制度があります。

　特別支援学校の在籍者については、「特別支援学校への就学奨励に関する法律」に基づき、教科用図書の購入費、学校給食費、交通費（通学費、寄宿舎からの帰省費、付添人の交通費など）、寄宿舎居住にともなう経費、修学旅行費、校外活動参加費、学用品の購入費などが補助されます。ただし、世帯収入等により、第Ⅰ区分（生活保護基準額の1.5倍未満）、第Ⅱ区分（生活保護基準額の1.5倍以上2.5倍未満）、第Ⅲ区分（生活保護基準の2.5倍以上）に分けられており、就学奨励費の支給対象となる費目や支給額は区分ごとに異なっています。

　現在の特別支援学校の就学奨励費の制度は、1954（昭和29）年に「盲学校、ろう学校及び養護学校への就学奨励に関する法律」が制定されたことで始まりました。遠距離通学や寄宿舎生活によって就学に要する費用が多くなること、障害のある子どもがいる家庭では経済的困窮度が高いことが、制度の創設の理由でした[5]。

　特別支援学級（旧：特殊学級）に在籍する児童生徒についての就学奨励費の制度は、1971（昭和46）年に発足したものです。2013年度からは、通常の学級に在籍する障害のある子ども（学校教育法施行令第22条の3に定められた障害の程度に該当する子ども）も対象に加えられています。また、通級による指導を受けている児童生徒が就学奨励費の対象になることもあります。

　基本的には就学奨励費が支給される前に保護者が費用を一時的に負担しなければならないという問題はあるものの、障害のある子どもの家庭の経済的負担を緩和し、障害のある子どもに十分な学校教育を保障していくうえで、就学奨励費の役割は重要です。

　就学奨励費の受給に際しては、保護者が手続きを進めることになりますが、

領収書の管理や書類の作成などの手続きに困難を抱える保護者もいます。障害のある子どもや保護者が不利益を被ることのないよう、就学奨励費の制度の十分な活用を支えていくことも、学校の教職員に求められる役割です。

　なお、学校の教職員は、学校教育に関して保護者の費用負担が少なからず発生することの問題性にも目を向けておかなければなりません。日本国憲法の第26条では、「義務教育は、これを無償とする」とされています。義務教育段階の学校教育に保護者の費用負担が求められる現状は、批判的に問い直されるべきものです。

(3) 障害のある子どものケアを担う社会資源

1) 福祉的支援

　障害のある子どもの家族への支援が必要なのは、経済的側面だけではありません。障害のある子どものケアに関しても、社会的な支援が必要です。子どものケアが家族だけの責任にされてしまうと、子どもの生活も不自由になりがちですし、家族の生活も厳しいものになってしまいます。

　各種の福祉的支援は、子どもの生活と発達を支えるものであるのと同時に、家族の生活を支えるものでもあります。

　第9章でみた放課後等デイサービスも、保護者の就労やレスパイト（一時的休息）を支えるという側面をもっています。放課後等デイサービスがあることによって、障害のある子どもが放課後・休日の活動の場を得られるだけでなく、家族の生活の自由度が増します。

　放課後等デイサービスの制度が2012（平成24）年に発足して事業所が急増する以前は、知的障害のある子どもと家族の生活がガイドヘルプによって支えられる例が目立っていました。ガイドヘルプは、ヘルパーが付き添って障害児者の外出を支援するものです。2003年に障害者福祉の制度が改変されたことによって、身体障害者・知的障害者・障害児がガイドヘルプ（移動介護）の対象となり、知的障害児者によるガイドヘルプの活用が急増しました。そして、2006年の障害者自立支援法施行によって、移動介護の大部分が移動支援事業に引き継がれました。行動上に著しい困難を有する知的障害児者を対象とするものとしては、「行動援護」の制度がつくられています。

　ガイドヘルプは、ただ目的地までの移動を援助するというだけのものではありません。電車に乗って外出を楽しんだり、店で食事をしたり、公園を散歩したり、プールに行ったりと、知的障害児者が余暇を過ごすための支援としても活用されています。通学のための支援は基本的にガイドヘルプの対象外とされているため、知的障害のある子どもの通学や学校から学童保育への移動などに関しては課題がありますが、ガイドヘルプによって知的障害のある子どもの生活の幅が広がると、子どものケアを担う家族の負担が軽減されることになります。

　居宅において入浴・排せつ・食事等の介護、調理・洗濯・掃除等の家事の援助などを行うホームヘルプも、知的障害のある子どもと家族にとって重要なものになることがあります。

　また、宿泊をともなう支援としての短期入所（ショートステイ）も、知的障害のある子どもの経験を広げ得るものであると同時に、家族のレスパイトにつながるものです。

　これらのような福祉的支援の活用に関しては、児童福祉法に基づく障害児相談支援事業があります。この仕組みのもとでは、相談支援専門員が障害児支援利用計画を作成することになります。

　このように、知的障害のある子どもと家族の生活を支えるためには、福祉的支援が役割を発揮することが求められています。

　ただし、放課後等デイサービスやガイドヘルプのような福祉的支援は、基本的に無償ではありません。世帯の収入状況に応じて、0円、4,600円、37,200円といった上限月額が設定されているものの、原則としては費用の1割が「利用者負担」となります。また、制度上の「利用者負担」が0円となる場合でも、食費（おやつ代）や交通費などの費用負担が発生することは少なくありません。

　また、放課後等デイサービスのような福祉的支援の活用にあたっては、一人ひとりの子どもについて、月あたりの通所日数などに関して市町村によって「支給決定」がされます。決定された支給日数が少ないと、子どもや保護者が希望するようには福祉的支援を受けられないこともあります。さらに、市町村による支給決定がされても、事業所と利用契約を結ばなければ実際に

171

福祉的支援を活用することはできません。居住している地域において事業所が不足していたり、重い障害のある子どもを受けとめられる事業所がなかったりすると、利用契約ができず、必要な福祉的支援を子どもが受けられないことがあります。

福祉的支援の課題も視野に入れながら、福祉的支援の活用を考えていくことが求められます。

2）特別支援学校の寄宿舎

特別支援学校に設置される寄宿舎も、子どもの生活と発達を支えつつ家族の生活を支える役割をもっています。

学校教育法の第78条においては、「特別支援学校には、寄宿舎を設けなければならない」と定められています。特別支援学校は、通学区域が広範囲であることが多く、遠距離からの毎日の通学は困難な場合があります。寄宿舎は、特別支援学校に在籍する子どもの学校教育の保障に重要な役割を果たしてきました。

一方で、学校教育法の第78条では、特別支援学校の寄宿舎に関して、「特別の事情のあるときは、これを設けないことができる」とされています。近年においては、新設される特別支援学校に寄宿舎が設置されない例が多くなっています。

また、特別支援学校の数が増え、スクールバスによる通学の保障が進められるなかで、遠距離を理由とする通学困難は減少傾向にあります。そのことを背景に、政策的には、寄宿舎の廃舎が進められてきました。

寄宿舎の設置率は、表10-1のように、2003年に34.6%（995校のうち344校）でしたが、2021年には26.2%（1160校のうち304校）になっています[6]。都道府県によって寄宿舎の設置率には大きな差がありますが、全国的

表10-1　特別支援学校の寄宿舎の設置状況

	2003年	2007年	2009年	2016年	2021年
学校数	995	1,013	1,030	1,067	1,160
寄宿舎数	334	333	316	305	304
設置率（%）	34.6	32.9	30.7	28.6	26.2

出典：文献6）を元に筆者作成。

にみると寄宿舎を設置していない特別支援学校が多いのです。

　そして、家族との生活や地域社会での生活が重視されるなかでは、寄宿舎に対する否定的な見方が助長されることもあります。例えば、障がい者制度改革推進会議総合福祉部会が2011年にまとめた提言においては、「特別支援学校の寄宿舎の本来の目的は通学を保障することにあり、自宅のある地域社会から分離されないよう運用されるべきである」とされており、寄宿舎の積極的意義を認めることに消極的な姿勢が示されています[7]。

　しかし、歴史的な経過をみても、寄宿舎は単に通学困難への対応という役割だけを担ってきたのではありません。寄宿舎における仲間との生活のなかで子どもが育ち、家庭を離れて生活することで自立に向けての子どもの経験が広がります。特別支援学校の寄宿舎には、教育的機能があるのです。そして、生活・養育に困難を抱える家庭が少なくないなか、障害のある子どもと家族の生活を支えるものとして、寄宿舎の福祉的機能も大切です。

　子どものためにも、家族のためにも、特別支援学校の寄宿舎を十分に活かしていくことが求められます。

④　家族依存の克服という課題

(1) 親によるケア

　何十年も前に比べると、知的障害のある子どもの教育や福祉のための制度が広がり、様々な社会資源がつくられてきているようにみえます。しかし、知的障害のある子どものケアについて多くの役割が親に求められる実態は、依然として強く残っています。

　知的障害のある子どもの通学を考えてみても、親の援助がなければ子どもが学校に通えないことがあります。特別支援学校のスクールバスで通学する場合でも、バスの乗降地点までの送迎を保護者が行わなければなりません。そのため、親の体調等によって、子どもの通学が難しくなることがあります。

　また、放課後等デイサービスやガイドヘルプといった社会資源を活用するための手続きや調整は、多くの場合に親が行っています。社会資源の活用によって親の負担が軽減される面はあるものの、社会資源を活用するためにも

親が役割を担わなければならない状況があります。

　学校に関しても、PTA活動や行事等への参加が親の重荷になる場合があります。PTA活動や行事等には大きな意義があるものも少なくないので、それらを縮小すればよいという単純な問題ではありませんが、親の負担についての配慮は求められるでしょう。

　知的障害児者についての「家族依存」の克服に向けて、社会的支援のあり方を考えていくことが必要です。家族依存の構造のもとでは、親の負担が大きくなりますし、知的障害のある子どもの自立が阻害されかねません。知的障害のある子どものケアに親が深く関わることにより、子どもと親との関係が濃密になりすぎると、いわゆる「親離れ」「子離れ」が難しくなる可能性もあります。

　もちろん、無理のない範囲で親が子どもをケアすること自体は不自然なことではありません。しかし、子どもに障害があることによって過剰な負担が親に生じることは問題ですし、親の生活が大幅に制約されることは見過ごせません。障害のある子どもの親も、望む仕事に就いて働いたり、自由時間を楽しんだりしてよいはずです。

　知的障害児者の教育や福祉に関しては、知的障害児者の「ノーマルな生活」を実現するというノーマライゼーションの理念が重視されてきました。その理念は、知的障害のある子どもの親の生活についても大切にされるべきでしょう。知的障害のある子どもをもつ親にも、「ノーマルな生活」が保障されなければなりません。

　そういう視点から、知的障害のある成人の生活実態にも目を向けておきましょう。

　障害児者についての家族依存の状況は、親と同居している障害者が多いことにも表れています。きょうされん（旧称：共同作業所全国連絡会）が実施した調査においても、障害のある人は「国民一般」と比べて親と同居している割合が格段に高いことが示されています[8]。親との同居は一概に否定されるべきものではありませんが、障害のある人が親との同居を余儀なくされるのは問題です。

　また、親との同居にも関係することとして、経済的側面での家族依存とい

174

う問題もあります。障害のある人の所得保障の制度が不十分ななかで、知的障害のある成人の生活に必要な費用が親・家族によって支えられていることが少なくありません[9]。そうしたことも、意識しておくべき課題です。

(2) きょうだいによるケア

　知的障害のある子どものケアを担うのは、親だけではありません。きょうだいがケアを担っていることもあります。知的障害のある子どものきょうだいのなかには、「ヤングケアラー」と考えられる子どももいます。

　日本ケアラー連盟は、ヤングケアラーについて、「家族にケアを要する人がいる場合に、大人が担うようなケア責任を引き受け、家事や家族の世話、介護、感情面のサポートなどを行っている18歳未満の子ども」と説明しています[10]。そして、「障がいや病気のある家族に代わり、買い物・料理・掃除・洗濯などの家事をしている」といった子どもと並べて、「障がいや病気のあるきょうだいの世話や見守りをしている」という子どもを、ヤングケアラーの例として示しています。

　厚生労働省と文部科学省の連携のもとに実施された調査によると[11][12]、小学校6年生の6.5％、中学校2年生の5.7％は、「世話をしている家族」が「いる」と回答しています。そして、「世話を必要としている家族」については、小学校6年生の約7割、中学校2年生の約6割が「きょうだい」と回答しています。「きょうだい」が世話を必要とする理由は、「幼い」が多くなっているものの、例えば中学校2年生の回答をみると、「身体障がい」が5.6％で、「知的障がい」が14.7％に及んでいます。知的障害のある「きょうだい」をケアする子どもが少なくないことがうかがえます。

　調査では、「世話をしているために、やりたいけれどできていないこと」についても子ども本人が回答しており、「宿題をする時間や勉強する時間が取れない」「友人と遊ぶことができない」「睡眠が十分に取れない」「自分の時間が取れない」といった問題を抱える子どもがいることが示されています。

　知的障害のある子どものケアをきょうだいが担わなければならない状況は、きょうだいの生活を制約することになります。きょうだいの「ノーマルな生活」のためにも、障害児者についての家族依存の克服が求められます。

(3) 保護者支援・家族支援と家族依存

　障害のある子どもに関して大きな役割が家族に求められると、その役割を家族が担いにくい場合には、障害のある子どもに否定的な影響が及びかねません。障害児者についての家族依存が色濃い社会においては、障害のある子どもの生活や成長・発達が家庭の養育力量に左右されてしまいやすくなります。障害のある子どものためにも、家族のためにも、障害児者についての家族依存を克服していかなければなりません。

　そうした観点から保護者支援・家族支援をとらえ直すことも必要でしょう。障害のある子どもについての保護者支援・家族支援は、子どものための様々な役割を保護者・家族が担うことを前提にしていることが多く、場合によっては家族依存を強化する可能性があるからです。

　親・保護者のレスパイトを支え、子どものケアについての親・保護者の負担を軽減するような支援の背景にも、「負担が過剰になると子どものケアを続けられないから」という発想があり得ます。あくまで親・保護者が子どものケアを担うことを前提として、それに必要な範囲で親・保護者の負担を軽減するという発想です。

　また、障害のある子どもを支える「資源」として保護者・家族がとらえられ、その「資源」を有効に機能させるためのものとして保護者支援・家族支援が考えられることもあります。例えば、厚生労働省のもとで「障害児支援の在り方に関する検討会」が2014（平成26）年にまとめた報告書においては、「家族支援の充実」が重要な課題として示されていますが、その内容の筆頭にあるのは「保護者の『子どもの育ちを支える力』の向上」です[13]。障害のある子どものための役割を保護者が十分に担えるようにすることが、「家族支援」の文脈において考えられているといえます。

　保護者が「良いケアの担い手」になれることは、保護者自身にとっても、障害のある子どもにとっても、意義があるかもしれません。しかし、「良いケアの担い手」であることを保護者が社会的に強いられると、それは保護者にとっての重圧になります。そのことの問題性に注意しなければなりません。

　近年の日本においては、親の「第一義的責任」が政策的に強調されるようになっています。2006（平成18）年の教育基本法改定においては、「父母そ

の他の保護者は、子の教育について第一義的責任を有する」という文言を含む第10条（家庭教育）が新設されました。また、2016年の児童福祉法改定においては、第2条に「児童の保護者は、児童を心身ともに健やかに育成することについて第一義的責任を負う」という規定が加えられました。2022年に成立した「こども基本法」でも、「こどもの養育については、家庭を基本として行われ、父母その他の保護者が第一義的責任を有するとの認識」が確認されています。このように親の「第一義的責任」が重視されることは、障害のある子どもについての家族依存を強化する危険性があります。

　障害のある子どもについての保護者支援・家族支援は、保護者・家族に重い責任を背負わせるものであってはなりません。子どもと家族の困難を軽減するものであるべきですし、子どもと家族が共に豊かに暮らすためのものであるべきです。

引用・参考文献 ─────────────────────────────

1）Drotar, D., Baskiewicz, A., Irvin, N., Kennell, J., and Klaus, M.（1975）The Adaptation of Parents to the Birth of an Infant with a Congenital Malformation: A hypothetical model. *Pediatrics,* 56（5）, 710–717.

2）Olshansky, S.（1962）Chronic Sorrow: A response to having a mentally defective child. *Social Casework.* 43, 190–193.

3）中田洋二郎（1995）「親の障害の認識と受容に関する考察──受容の段階説と慢性的悲哀」、『早稲田心理学年報』27号、83–92頁。

4）藤木和子（2022）『「障害」ある人の「きょうだい」としての私』岩波ブックレット。

5）小長井晶子（2020）「障害のある児童生徒に対する就学奨励制度の教育法学的検討──障害と経済的困窮に起因する特別ニーズに着目して」、『日本教育法学会年報』49号、175–183頁。

6）小野川文子（2022）『特別支援学校寄宿舎のまどから──子どもの育ちを社会にひらく』かもがわ出版。

7）障がい者制度改革推進会議総合福祉部会（2011）「障害者総合福祉法の骨格に関する総合福祉部会の提言──新法の制定を目指して」https://www.mhlw.go.jp/bunya/shougaihoken/sougoufukusi/dl/110905.pdf

8）きょうされん（2016）「障害のある人の地域生活実態調査の結果報告」https://www.kyosaren.or.jp/investigation/260/

9）田中智子（2020）『知的障害者家族の貧困──家族に依存するケア』法律文化社。

10）日本ケアラー連盟のホームページ https://carersjapan.com/

11）三菱UFJリサーチ＆コンサルティング（2021）「ヤングケアラーの実態に関する調査

研究 報告書」https://www.murc.jp/wp-content/uploads/2021/04/koukai_210412_7.pdf

12）日本総合研究所（2022）「ヤングケアラーの実態に関する調査研究 報告書」https:// www.jri.co.jp/page.jsp?id=102439

13）障害児支援の在り方に関する検討会（2014）「今後の障害児支援の在り方について（報告書）――『発達支援』が必要な子どもの支援はどうあるべきか」https://www.mhlw.go.jp/file/05-Shingikai-12201000-Shakaiengokyokushougaihokenfukushibu-Kikakuka/0000051490.pdf

＊上記 URL はすべて 2022 年 9 月 5 日最終閲覧。

（丸山啓史）

索　引

［監修者］

宍戸和成（ししど・かずしげ）

独立行政法人国立特別支援教育総合研究所前理事長。

専門は、聴覚障害教育。東京教育大学教育学部特殊教育学科卒業。

主著に『聴覚障害教育の歴史と展望（ろう教育科学会創立 50 周年記念）』（共著、風間書房、2012
年）など。

古川勝也（ふるかわ・かつや）

元西九州大学教授。

専門は、肢体不自由教育。長崎県立諫早養護学校教諭、長崎県教育庁指導主事、文部科学省初等中
等教育局特別支援教育課特殊教育調査官（肢体不自由担当）、長崎県教育庁特別支援教育室長、長
崎県立諫早特別支援学校長、長崎県教育センター所長、西九州大学子ども学部子ども学科教授を歴
任。

主著に『自立活動の理念と実践　実態把握から指導目標・内容の設定に至るプロセス 改訂版』（編
著、2020 年、ジアース教育新社）。

徳永　豊（とくなが・ゆたか）

福岡大学人文学部教育・臨床心理学科教授。

専門は、特別支援教育、発達臨床。1960 年生まれ。九州大学大学院教育学研究科博士課程中退。

主著に『障害の重い子どもの目標設定ガイド　第 2 版』（編著、慶應義塾大学出版会、2021 年）、
『新 重複障害教育実践ハンドブック』（共著、全国心身障害児福祉財団、2015 年）。

［編者］

佐藤克敏（さとう・かつとし）　第 2 章、第 6 章

京都教育大学教育学部教授。

専門は、特別支援教育、知的障害・発達障害の教育、心理。

1965 年生まれ。筑波大学大学院博士課程心身障害学研究科中退。

主著に『個別の指導計画の作成と活用』（編著、クリエイツかもがわ、2010 年）、『特別支援教育第
3 版　一人ひとりの教育的ニーズに応じて』（分担執筆、福村出版、2019 年）。

武富博文（たけどみ・ひろふみ）　第 4 章、第 5 章、第 7 章

神戸親和女子大学教育学部准教授。

専門は、特別支援教育、知的障害教育。

1968 年生まれ。京都教育大学大学院教育学研究科修士課程修了。

主著に『特別支援学級・特別支援学校　新学習指導要領を踏まえた「学習評価」の工夫』（編著、
ジアース教育新社、2020 年）、『知的障害教育におけるアクティブ・ラーニング』（編著、東洋館出
版社、2017 年）

徳永　豊　第 3 章

［著者］

米田宏樹（よねだ・ひろき）　第 1 章

筑波大学人間系准教授。

専門は、特別支援教育、知的障害教育、インクルーシブ教育。

1969 年生まれ。筑波大学大学院博士課程心身障害学研究科満期取得退学。

主著に『特別支援教育』（共編著、ミネルヴァ書房、2018 年）、

『新教職課程演習　特別支援教育』（共編著、協同出版、2022 年）。

岡田哲也（おかだ・てつや）　**第 8 章**
二松学舎大学教職課程センター教授。
専門は、特別支援教育。
1958 年生まれ。東京学芸大学教育学部卒業。
主著に「答申が求める、これからの特別支援教育の在り方」（共著、『月刊高校教育』、2021 年）、
『障害のある子どもの支援と関係機関による支援ネットワークの構築』（共著、千葉県障害児教育研
究推進会議調査研究、2007 年）。

丸山啓史（まるやま・けいし）　**第 9 章、第 10 章**
京都教育大学教育学部准教授。
専門は、知的障害児者の社会教育・生涯学習。
1980 年生まれ。東京大学大学院教育学研究科博士課程修了。
主著に『障害のある若者と学ぶ「科学」「社会」』（編著、クリエイツかもがわ、2022 年）。

シリーズウェブサイト　https://www.keio-up.co.jp/tokubetsu/

特別支援教育のエッセンス
知的障害教育の基本と実践

2023 年 2 月 20 日　初版第 1 刷発行

監修者―――――宍戸和成・古川勝也・徳永 豊
編　者―――――佐藤克敏・武富博文・徳永 豊
発行者―――――依田俊之
発行所―――――慶應義塾大学出版会株式会社
　　　　　　　　〒 108-8346　東京都港区三田 2-19-30
　　　　　　　　T E L〔編集部〕03-3451-0931
　　　　　　　　　　〔営業部〕03-3451-3584〈ご注文〉
　　　　　　　　　　〔　〃　〕03-3451-6926
　　　　　　　　F A X〔営業部〕03-3451-3122
　　　　　　　　振替 00190-8-155497
　　　　　　　　https://www.keio-up.co.jp/
装　丁―――――中尾 悠
組　版―――――株式会社キャップス
印刷・製本――――中央精版印刷株式会社
カバー印刷―――株式会社太平印刷社

特別支援教育のエッセンス 全5巻

宍戸和成・古川勝也・徳永 豊［監修］

視覚障害教育、聴覚障害教育、知的障害教育、肢体不自由教育、自閉スペクトラム症教育の「基本と実践」をまとめた特別支援教育テキストの決定版！

●本シリーズのポイント

① 障害種ごとに 1 冊ずつ完結させることで、内容や範囲を把握しやすく、学びやすい

② 学校現場の悩みや戸惑いに対応し、困りごとに対する解決の方向性を示している

③ 学生、特別支援学校教員（特に新任者）を主に対象とし、講義や研修で使いやすい章構成

④ これまでの教育実践を踏まえて、オーソドックスな内容とし、「基本」に徹している

⑤ ICT 活用や合理的配慮、キャリア支援など、今日的な課題にも対応

⑥ 特別支援教育を担当する教員だけでなく、家族や支援を行う専門職へも有益な情報を提供

視覚障害教育の基本と実践

小林秀之・澤田真弓［編］　　　　　　　　　　定価2,420円（本体価格2,200円）

聴覚障害教育の基本と実践

宍戸和成・原田公人・庄司美千代［編］　　　　定価2,420円（本体価格2,200円）

知的障害教育の基本と実践

佐藤克敏・武富博文・徳永 豊［編］　　　　　定価2,420円（本体価格2,200円）

以下、続刊

肢体不自由教育の基本と実践

徳永 豊・吉川知生・一木 薫［編］

自閉スペクトラム症教育の基本と実践

肥後祥治・齊藤宇開・徳永 豊［編］